개정증보판

Korea and Israel, the Secret of History

한국과 이스라엘, 역사의 비밀

염동옥 지음

기독교문서선교회

기독교문서선교회(Christian Literature Center: 약칭 CLC)는 1941년 영국 콜체스터에서 켄 아담스에 의해 시작되었으며 국제 본부는 미국의 필라델피아에 있습니다.

국제 CLC는 59개 나라에서 180개의 본부를 두고, 약 650여 명의 선교사들이 이동도서차량 40대를 이용하여 문서 보급에 힘쓰고 있으며 이메일 주문을 통해 130여 국으로 책을 공급하고 있습니다.

한국 CLC는 청교도적 복음주의 신학과 신앙서적을 출판하는 문서선교 기관으로서, 한 영혼이라도 구원되길 소망하면서 주님이 오시는 그날까지 최선을 다할 것입니다.

Korea and Israel, the Secret of History

Written by
Dong Ock Yum

Korean Edition
Copyright © 2017 by Christian Literature Center
Seoul, Korea

머리말

염 동 옥 원장
우리들치과의원

성경을 보면 다윗왕과 솔로몬왕의 글이 기록되어 있다. 특히 다윗왕은 위대한 장군이자 왕으로서, 또한 시인으로서 많은 작품을 남겼다. 어쩌면 저렇게 아름다운 시를 지을 수 있었을까라는 생각이 든다.

> 하늘이 하나님의 영광을 선포하고, 창공이 그 손으로 하신 일을 나타내도다. 날은 날에게 말하고 밤은 밤에게 소식을 전하네…(시 19편).

필자가 시에 관심을 갖고 있던 중 지인의 권유로 울산대학교 대학원 국어국문학과에 진학하게 되었다. 여러 교수님들의 배려로 2년간의 석사 과정을 마치고, 그 후, 동료 시인들의 권유와 청록파 시인 박목월 선생의 제자인 김성춘 선생님의 추천으로 경주의 동리목월문학관에서 시와 문학을 계속 공부하였다. 의학과 기계와 재료와 물질의 이과적 사고방식으로 고착화된 필자의 사상과 사고에 큰 충격과 함께 새로운 세계에 대한 흥미로움이 밀려왔다. 언어와 문학과 사상 그리고 은유와 비유 또한 묘사에 관한 매력에 심취했다.

국어학과 문학에 대한 관심으로 관련 서적들을 더욱 찾게 되었고, 언어와 우리말에 대한 감수성이 더욱 예민해졌다. 그런데 울산광역시 치과의사회 회장직을 맡아 수행하던 중에 극한 질병의 고통으로 생과 사를 넘나들며 약 7개월의 병원입원과 수년 동안의 투병생활을 하게 되었다. 이러한 과정을 거치면서 하나님의 뜻을 깨닫고 신학의 길을 접하게 되었다. 한반도국제대학원대학교에서의 신학(선교 목회) 과정은 지식과 사상의 폭을 넓게 하였다. 언어학자인 최한우 총장님을 비롯한 여러 훌륭한 교수님들의 강의는 유라시아 대륙에 대한 이해와 우리 한민족의 역사가 한반도에만 갇혀있지 않은 더 넓은 대륙과 국제적인 세계화의 무대였다.

중앙아시아 언어학이 전공이신 총장님의 강의는 알타이어들에 대한 폭넓은 이해를 가져다 주었다. 우리말의 원류인 알타이어에 대한 관심을 고조시켜 주었다. 총장님의 여러 논문들은 흥미를 더욱 더 북돋아 주었다. 그리고 히브리어를 배우게 되었다. 필자는 신학을 공부하려면 성경의 원어인 히브리어와 헬라어(그리스어)를 필수적으로 알아야 한다고 생각했다.

그런데 어찌 된 일인가?

히브리어를 공부하면 할수록 우리말과 우리의 고대어와 특히 경상도 방언과 유사하다는 것을 깨닫게 되었다.

어쩌면 이럴 수 있을까?

이스라엘과 한국은 지리적으로 머나먼, 지구의 끝과 끝이 아닌가!

그러던 중 필자는 신라와 가야의 왕호와 국호가 히브리어에 어원을 둔 명칭이라는 것을 깨달았다. 그것이 2011년 9월 20일이다. 충격적 확신을 한 그 날 이후 필자는 이 내용을 정리하기 위하여 모든 시간을 쏟아 부었으며, 두문불출의 작업 끝에 이 책을 발행하게 되었다. 그 과정 중에 정성덕 선생님의 책 『성경에 나타난 우리말 이야기』(다락방 서원[CLC] 刊)를 보게 되었다.

그 내용은 고대에 우리말이 알타이에서 분화될 때 쯤 히브리어와 우리말의 접촉이 있었다는 것이다. 그런 까닭에 우리말과 히브리어의 유사성이 나타난다는 것이었다. 하지만 그분은 경상도 출신이 아니기 때문에 경상도 방언과 히브리어의 유사성에 대해서는 잘 알지 못 하신 것 같다. 신라와 가야 그리고 히브리 민족과의 연결고리를 찾지 못하였던 것 같다. 또 일본인 학자 요시미즈 쯔네오가 쓴 『로마 문화왕국 신라』라는 책은 필자가 글을 정리하는데 아주 도움이 되었다. 그 분은 신라가 로마(서구)문화의 영향을 많이 받았으며 심지어 그 사람들이 신라에 오기까지도 하였다는 것이다. 그런 까닭에 신라의 유물 가운데 서역(서방)의 문화 흔적이 많이 발견 된다는 것이다.

또 비교언어학적 관점으로 기록된 게제니우스 『히브리어 아람어 사전』은 필자에게 정말 큰 도움이 되었다. 그리고 이 책을 번역한 이정의 선생님께 더욱 감사를 드린다. 이 책이 없었다면 오늘날의 결과를 얻기가 힘들었을 것이다. 그리고 히브리어 발음을 우리말로 적어 『구약 성구 사전』을 집필해주신 김만풍 목사님께도 감사를 드린다. 출판한 지가 오래된 책이지만 히브리어에 초보자인 필자가 히브리어 발음을 이해하기가 참 수월했다.

앞선 여러 학자들의 연구 덕분에 아마추어인 필자가 이 사실들을 깨달을 수 있었던 것이다. 인터콥 울산 지부의 박병석 총무의 여러 조언과 격려에도 감사드리며, 여러가지 자료 수집과 서적을 구해주신 형님 염동용 교수님께 감사드린다. 그리고 출판을 허락해주신 기독교문서선교회(CLC) 박영호 대표님께도 감사드린다.

    그리고 무엇보다도 필자의 투병 중에 헌신적인 간호와 희생을 아끼지 않고, 평생을 응원해준 아내 박수현과 필자의 교만과 아집을 지적하며, 상식적인 자세를 늘 잊지 않도록 지적하고 도와주는 아들 지훈과 예훈에게 사랑과 고마움을 표하고 싶다.

2016년 12월 25일
성탄절에 울산 방어진 바닷가에서

목차

머리말 4

서문_한국, 한국어, 한국인 10
    1. 신라의 삼국통일과 한국어의 형성
    2. 한국어와 히브리어의 관계

제1부 언어학적 고찰   19

    1. 언어란 무엇인가?   20
        1) 한국어의 계통과 형성   22
        2) 알타이어의 공통특징   23
        3) 한국어는 과연 알타이어인가?   24
        4) 고대 한반도의 언어   24
        5) 신라와 서역, 그리고 중국과의 교류   26
        6) 알타이어의 특징들과 셈어의 특징들   27
    2. 고대 우리민족의 표기방법(문자)   29
        1) 훈민정음의 창제   29
        2) 우리말과 한자어   29
    3. 일본의 표기방법(문자)   30
    4. 이스라엘의 역사   32
    5. 한국과 이스라엘(히브리인), 그리고 2000년   36
        1) 이스라엘 지역의 방언   36
        2) 맛소라란?   37
        3) 맛소라의 역사   37

6. 히브리인의 나라 – 가야와 신라(고대사의 흔적) 38
   1) 가야의 여러나라들(가야제국) 39
   2) 가야(가라)의 여러 나라들의 명칭의 뜻 41
   3) 다라가야 43
   4) 대가야 45
   5) 아라가야 47
   6) 임나가라와 임나일본부 49
   7) 가야토기 50
   8) 토기의 기호(도부호) 50

7. 문자고고학 53
   1) 문자의 역사 55
   2) 문자의 혁명 63

8. 지중해 세계의 발전과 페니키아 70

9. 아, 처용! 그리고 신라의 쇠망(衰亡) 76

제2부 역사 문화적 고찰 87

1. 『삼국사기』와 『삼국유사』 88
2. 『삼국사기』의 히브리적 해석 90
3. 『삼국유사』의 히브리적 해석 128

부록 _ 한국어 VS 히브리어 유사성 177

서문
_한국, 한국어, 한국인

우리는 한국인이다. 우리의 국어는 한국어이다.
그런데 우리는 한국어를 얼마나 알고 있는가?

아리랑,
강강술래,
쾌지나 칭칭 나네.

우리의 전통 민요이다.
그런데 이 말들의 뜻은 무엇인가?
아무런 뜻도 모른 채 우리는 이 노래들을 부르고 또 사용하고 있다. 이에 관해서는 여러 가지로 해석을 하는데 아리랑은 아프다는 말의 '아리다'로 해석을 하고 강강술래는 '오랑캐가 강을 넘어 온다'고 해석을 하고는 한다. 하지만 이런 말들은 설득력이 없고 우리 마음에 선뜻 다가오지 않는다. 우리말과 역사의 어디에도 이에 관한 풀이라든지 해석은 없다. 그냥 언제부터인지 모르지만 우리 민족의 정서와 삶 속에

뿌리를 내리고 있는 것이다.

　이에 필자는 이 말들의 어원이 히브리어에 있다는 것을 알아내고서 이것의 풀이와 우리의 말과 역사에 관한 해석을 하려 한다.

　　아리랑 아리랑 아라리요
　　아리랑 고개를 넘어간다.
　　나를 버리고 가시는 님은
　　십리도 못가서 발병난다.

　아리랑은 기본적으로 슬픈 정서의 노래이다. 전국에서 불리어 지는 아리랑은 지방에 따라 조금씩 다른데, 대부분의 아리랑은 그 곡조가 슬프다. 히브리어 '알리(ally, אללי) 또는 알릴리(alleely)'는 슬프다는 말이고 눈물이 난다는 말이다. 그리고 '아라리요'는 히브리어 '아라'(ara, ארח)로 '길, 길을 걷다, 행하다' 등의 뜻이 있다. 지금도 우리말에 남아서 '아라길,' '올레길'이라 하여 사용하고 있다. 그러므로 아리랑 노래를 해석하면 '슬픕니다. 슬픕니다. 당신이 나를 버리고 길을 떠나가시면 슬픕니다. 나를 떠나지 말아주세요'라고 이별의 슬픔을 못 이겨하며 사랑하는 이가 나와 함께 있어줄 것을 간구하는 것이다.

　이것은 고려의 가요 청산별곡에서도 나타난다.

　　살어리 살어리랏다.
　　청산에 살어리랏다.

이렇게 시작되는 청산별곡의 후렴구이다.

> 얄리얄리 얄라셩
> 얄라리얄라.

여기서도 이와 마찬가지이다. 슬프고 눈물이 난다는 말이다. 2절을 보자.

> 울어라 울어라 새여
> 자고 일어나 울어라 새여
> 너보다 시름많은 나도
> 자고 일어나 우노라
> 얄리얄리 얄라셩 얄라리얄라.

히브리어 '얄리'(yally, יללי)는 울며 애통한다는 말이다. 이와 같이 '얄리,' '알릴리'와 '얄리,' '얄라리'는 동일한 말로서 슬프고 눈물이 나며 애통하다는 말이다. 우리 민족이 너무 슬픈 일에 시달렸나보다. 우리의 슬픈 정서가 아프게 가슴에 저며 온다.

강강술래는 임진왜란 때 이순신 장군과 휘하의 병사들이 왜적으로부터 이 땅을 지킬 때 여성들도 함께 도와서 불을 피우고는 둥글게 둥글게 춤을 추며 노래하였다고 전해온다. 강강술래는 경쾌한 노래이다. 험한 전쟁의 상황에서도 이를 극복하고 이기려는 의지가 들어있다.

히브리어 '간'(gan, גן)은 '둥글게 둘러싸다'라는 말이다. 그러므로 '강강'은 '원을 그리며 동그랗게 둘러싼다'는 말이다. '술래'는 히브리어 '슈르'(shoor, שׁוּר)를 말하며, '줄을 지어 걷다, 유람하다, 여행하다'라는 뜻이다. 그러므로 강강술래는 '동그랗게 줄을 지어 원을 그리면서 걷거나 뛰면서 행진한다'는 말이다.

쾌지나 칭칭 나네는 경상도지방에서 전승되어오는 민요이다. 이 말의 뜻을 알 수 없는 까닭에 임진왜란 때의 왜장 가등청정이 나오네라는 터무니없는 해석을 하기도 한다.

무섭고 원수 같은 적장이 나타나는데 무엇이 즐거워서 꽹과리를 치겠는가?

쾌지나는 히브리어 '카치르'(qatsir, קָצִיר)를 말하며, 이의 뜻은 (나무)가지이다. 카치르가 현대의 가지라는 말로 변하였을 것이다. 또는 '크치아'(ktsia, קְצִיעָה)를 말하며 이것은 계피나무 또는 향기로운 꽃을 말한다(구약성경 욥 42:14-15을 보면 고난을 이겨낸 욥에게 하나님의 축복으로 전국에서 가장 아리따운 딸들을 갖게 되는데 그 중 둘째 딸의 이름이 '크치아'이다).

칭칭은 히브리어 '치츠'(tsiyts, צִיץ)를 기록한 것으로 꽃이 피다라는 말이다. 그러므로 쾌지나 칭칭 나네는 (봄날에) 나뭇가지에 꽃이 핀다 혹은 향기로운 꽃(계피꽃)이 핀다라는 말이다. 아마 과거에 꽃피는 봄날(또는 가을)에 불렀던, 봄(가을)을 맞이하는 흥겨운 노래였을 것이다.

좀 더 우리말에 대해서 깊이 생각을 해 보자.

1. 신라의 삼국통일과 한국어의 형성

한국어는 신라어에서 비롯된다.

신라가 삼국을 통일하여 한반도가 같은 정치체제에 속하면서 그 언어가 우리국어의 모태가 된 것이다.[1]

통일신라의 영역과 행정구역(출처:네이버)

1　이기문,『국어사개설』(신증판) (서울: 태학사), p. 49.

통일신라가 약 300년 동안 통치하면서 신라어가 백제어와 고구려어에 영향을 미쳐서 이들 언어의 동화가 어느 정도 이뤄졌을 것으로 생각된다.²

얼마나 많은 신라어가 현대 대한민국의 언어 중에서 사용되고 있을까?

현대 한국어는 오랜 역사를 통하여 본래의 말에서 많이 변화되어 왔다. 예를 들면, 『삼국사기』와 『삼국유사』를 보면 임금(왕)의 고대어는 신라시대의 왕호인 니사금이다. 유리왕과 탈해가 서로 임금자리를 두고 양보하는 중에 이(치아)가 많은 사람이 성스럽고 현명하다 하여 떡으로 본을 떠서 '잇금'이 많은 유리왕이 선출되었다는 기록이 있다. 이에 이사금이 임금으로 되었다고 전해온다. 2000년 전의 신라의 왕호가 변화되어 와서 현재의 임금이 된 것이다. 즉, 니사금 → 닛금 → 님금 → 임금의 변화 과정을 거쳐서 왔다.

또, 2000년 전의 신라의 국호인 서라벌이 오늘의 서울로 변화되었다. 즉, 서라벌 → 서벌(셔벌) → 서울의 변화 과정을 거쳐서 왔다. 오늘의 대한민국의 수도 서울은 신라시대의 경주를 뜻하는 서라벌이 변하여 된 것이다.

또 오늘날 추석을 한가위라고 하는데 신라 유리왕 당시 두 왕녀로 편을 나눠 6부 전체가 길쌈내기를 하여 한가위 날에 이를 종합하여 이긴 편에 사례를 하며 큰 잔치가 열렸는데, 이를 가배라고 하였다 한다. 이것이 현재의 한'가위'가 된 것이다. 또 『삼국유사』에 신라 향가, '찬

---

2   최기호 외, 『국어학서설』 (신원출판사, 2004), p. 480.

기파랑가'를 보면 '나리'(川)가 나오는데 이것이 현재의 '내'로 변하였다(예: 냇물, 냇가 등).

참고로 히브리어 니사크(niysak)는 제사장, 왕, 군주라는 뜻이며, 히브리어 '사르 발'(sar bar, שׂר בר)은 왕의 땅, 왕국이라는 말이다. 가바(gabah, גבה)는 전체, 종합하다라는 뜻이며 나하르(nahar, נהר)는 시내, 하천이라는 뜻이다.

이처럼 우리가 사용하는 중요하고도 많은 어휘들이 신라어에서 어원을 찾을 수가 있다. 또한, 『삼국유사』에는 신라와 가야의 노래가 25수가 들어 있으며 신라와 가야시대에 사용하던 말과 풍습 등이 많이 기록되어 있다. 그러므로 향가에서 히브리어와 한국어의 유사성을 밝혀내는데 많은 자료를 얻었다. 이렇게 『삼국유사』에 기록된 당시 말과 노래 가운데 히브리어가 고스란히 녹아 있는 것이다.

예를 더 들어보자. 신라의 충신 박제상의 이야기를 보면 그는 왕명에 의하여 왕자 미사흔을 구출하러 왜국(일본)으로 떠나가는데, 그의 아내가 그의 죽음을 예측하고 뒤쫓아 따라가며 통곡하는데, 그곳의 지명이 장사(長沙)라고 하였으며, 또한 울다가 지쳐서 다리에 힘이 다 빠져 다리가 축 늘어져 뻗쳤다하여 벌지지()라고 하였다 한다. 여기서 장사라는 것을 길게 운 모래밭으로 생각하는데 실제로 히브리어 자아크(zaak, זעק)를 이두식으로 기록한 것이며 이것은 울다, 울부 짖다는 뜻이다. 또한, 벌지지는 히브리어 팔세즈(parsez, פרשׂ)를 이두식으로 기록한 것이다. 이것은 (다리를) 펼치다, 뻗치다라는 말이다. 그리고 박제상의 아내와 딸들이 치술령에 올라가 바다를 바라보며 박제상이 돌아오기를 한없이 기다리다 망부석이 되었다고 전해오는데, 치술에 해당하는 히브리어 '치스'(tsiys, ציץ)는 '쳐(다)보다,' '바라보다'라는 뜻이다.

이것처럼 약 1600-2000년 전의 신라어가 그대로 지금까지 우리 말로 사용되고 있는 것이다. 물론 지금의 말과 그때의 신라어가 그대로 똑같지는 않지만, 그 긴 세월 동안 그 말들은 갈고 다듬어져 마치 바닷가의 바위나 자갈이 바람과 파도와 그 포말에 씻겨져서 맨들맨들 해져서 몽돌이 되고 반짝이는 모래가 되듯이 우리의 말도 그렇게 변해왔다. 정녕 언어는 조그만 옹달샘같이 솟아 올라 시내가 되어 흐르고, 또 흘러서 하천을 이루고 큰 강이 되는 것처럼 우리의 일상 속에서 함께 우리의 생각과 삶을 적시면서 문화와 역사 속에 흘러가는 것이다.

2. 한국어와 히브리어의 관계

한국이 제2의 이스라엘이라는 말을 자주 듣곤 한다. 일찍부터 한국인의 인적재능의 탁월함과 더불어 한국인과 유대인의 문화와 역사가 서로 비슷하다든지 그 풍속이 닮았다든지 또 자녀교육열과 종교심이 특별히 뛰어나다든지 하는 말을 종종 듣게 된다. 이 책은 이러한 감성적이고 추측에 의한 것이 아닌, '실제적이고 과학적인 방법'으로 한국인과 유대인의 민족적 친근성과 동일성을 증명하는데 중점을 둔다.

이 책은 일찍이 한반도의 고대시대에 남부 지방에 세워졌던 신라와 가야라는 나라가 히브리인(즉, 유대인, 이스라엘인)이 세운 나라라는 것을 증명하는데 목적이 있다.

이를 위하여 다음과 같은 방법으로 접근한다. 이 책(제1권)에서는 언어적 고찰과 역사-문화적 고찰을 다루기로 한다.

① 언어학적 고찰

한국어와 히브리어의 유사성을 중심으로 기록하였으며 가야토기 부호를 확인하기 위하여 문자의 발달에 의한 문자고고학적 연구와 함께 히브리어와 한국어의 유사어휘를 수록하였다.

② 역사·문화적 고찰

한국사의 최고의 고대 역사서인『삼국사기』와『삼국유사』를 중점으로 히브리적 해석을 기록하였다.

『삼국사기』와『삼국유사』는 수천 년이라는 시간속에서 현대인과 간극을 두고 있기에 이해할 수 없는 말과 의미로 우리들을 미궁에 빠뜨리고 있다. 그런데 고대 Hebrew어는 한국어라는 열쇠로 이를 열면 한국사에서 그동안 제대로 설명하지 못했던 많은 부분들이 해명되고『삼국사기』와『삼국유사』에서 제대로 의미를 알 수 없었던 인명, 지명, 사건등의 많은 부분들이 새롭게 해석되고 또한 이해할 수 있기에 한국 고대사를 다시 조명하게 된다. 한문의 번역은 국사편찬위원회의 한국사 데이터베이스를 주로 참조하였다.

③ 고고학적 고찰

고고학적으로 신라와 가야의 유물과 고대 이스라엘의 유물들을 서로 비교하여 서로 동일한 문화와 의식과 풍속을 지녔음을 증명하려 하였다.

제1부

언어학적 고찰

1. 언어란 무엇인가?

인간이 다른 동물과 구별되는 가장 중요한 특징은 무엇일까?
그 중에서 가장 중요한 차이는 언어일 것이다. 인간은 다른 동물과 달리 복잡하고 체계적인 의사소통 수단을 가지고 있다. 이 의사소통 수단을 우리는 언어라 부른다. 인간 이외의 동물들에게서도 자신의 욕구와 의사를 표현하는 수단을 발견할 수 있지만, 인간의 언어와 동물의 의사소통 수단은 본질적으로 다르다. 인간언어가 가지고 있는 핵심적 원리를 동물의 의사소통 수단에서는 찾아볼 수 없기 때문이다. 언어에는 인간의 모든 생각과 지식과 삶이 담겨 있고, 인간의 사회와 문화, 역사가 담겨있기 때문이다.[1]

기독교의 성경에서는 창세기 1:1에서 태초에 하나님께서 천지를 창조하셨다고 하며, 그리고 창조하실 때에 말씀(qara)으로 창조하였다고 한다(창 1:1). 그리고 요한복음 1:1에서 태초에 말씀(Logos)이 계시니라 그리고 이 말씀(Logos 언어)이 하나님과 함께 계셨다고 기록되어 있다. 이처럼 성경은 하나님과 언어(말씀)의 관계가 매우 심오하고 신비스럽게 기록되어 있는 것이다. 또한 창세기 2:7에 따르면 하나님이 흙으로 최초의 인간 아담을 만드시고, 그와 대화(언어)를 하신다.

이처럼 언어와 인간과의 관계는 뗄래야 뗄 수 없는 신비스럽고 소중한 것이다. 언어는 하나님이 인간에게 베풀어 주신 신성한 모습의 하나이고, 인간이 인간으로서 존재하며, 인간으로 살아가는 바탕을 제공한다.

---

[1] 방송통신대학 국어학개론.

한국어와 히브리어는 언어학적으로 각각 알타이어와 셈어에 속한다. 전혀 공통점이라고는 없는 별개의 언어 집합군(어족)이다. 공통점이라 하면 구약성경 창세기에 노아의 홍수 때 살아남은 노아의 자손들(셈, 함, 야벳) 중 셈의 후손들로 알려져 있다는 것이다. 알타이어는 알타이 산맥을 중심으로 하여 그 동쪽으로 편만하며 몽골어, 만주어, 퉁구스어 등이 여기에 속하며, 서쪽으로는 투르크어를 사용하는 터키와 우즈베키스탄, 카자흐스탄, 키르키스탄 등 중앙아시아의 여러 나라들이 있다.

반면에 셈어는 사용 지역이 이스라엘과 레바논의 팔레스타인 지역을 포함하여 이라크 시리아등 메소포타미아 지역과, 시나이 반도와 아라비아 반도 지역을 포함한다. 셈어의 특징은 자음 위주 문자로써 모음이 없었다. 모든 명사는 자음으로만 시작된다. 히브리어의 경우 모음의 사용은 기원 4-5세기에 시작하여 10세기경에야 비로소 모음이 제대로 만들어 진다. 히브리어의 경우 모음이 5개밖에 안되고 아랍어의 경우 겨우 3개(a, i, u)밖에 되지 않는다. 장모음은 별도로 하여 시를 낭독하거나 코란을 읽을 때만 사용된다.[2] 그러므로 모음이 표기되지 않아도 쉽게 글을 읽을 수가 있을 것이다.

그런데 필자의 연구에 의하면 한국어와 히브리어는 지극히 유사성을 보여주고 있다. 이것은 한국어가 히브리어와 매우 관련이 깊다는 말이다. 이것은 너무도 의외의 내용이 아닌가! 이것을 확인하기 위하여 좀 더 많은 관련문헌과 사실들을 살펴보자.

---

[2] 스피븐 로저 피셔, 『문자의 역사』(*A History of Writing*), 박수철 역 (21세기북스, 2010) p. 130.

1) 한국어의 계통과 형성

오늘 우리가 쓰고 있는 국어 즉, 한국어의 뿌리는 무엇인가?
우리가 사용하는 한국어는 언제부터 있었는가?
그리고 그것은 어떻게 형성되었는가?
한국어의 형성사는 한국어의 기원적 성격을 밝히는 일과 그 역사적 형성 과정을 추적하는 일이다.[3]

지구상에는 말 종류가 3천여 가지가 있는데, 먼 옛날로 거슬러 올라가 보면 이말에도 다 조상이 있다. 어떤 말들은 조상이 같고, 또 어떤 말들은 조상이 다르다.

같은 조상을 가진 말들이 지금은 왜 서로 다른가?

처음에는 같은 말을 쓰던 사람들이 먹을 것을 찾아서, 아니면 전쟁을 피해서 이리저리 옮겨 다니며 살다 보니까 세월이 지나면서 말들도 조금씩 달라졌다.[4]

이처럼 언어 분화의 대표적인 원인은 민족 이동에 의한 것이다. 원래 같은 언어를 사용했던 민족이 분열, 이동하여 오랜 세월이 흐르는 동안 각기의 다른 종족들의 분화 과정은 민족 이동에 의한 것으로 설명되고 있다.[5]

이렇게 같은 조상에서 갈라져 나온 말들을 같은 '어족'이라고 한다. 어족은 '말의 가족'이라는 뜻이다. 예를 들어 영어나 프랑스어, 독

---

[3] 최기호 외, 『국어학서설』(신원출판사, 2004), p. 466.
[4] 방송통신대학 국어학개론.
[5] 최기호 외, 『국어학서설』, p. 461.

일어 같이 유럽사람들이 쓰는 말들은 대부분 같은 어족에 속하는데, 이 어족은 인도 유럽 어족이라고 부른다.

어족에는 인도 유럽 어족 말고도 알타이 어족, 우랄 어족, 아프로.아시아 어족(함어, 셈어) 등이 있다.

우리말은 그 중에서 '알타이 어족'에 속한다. 알타이 어족은 알타이 산맥을 중심으로 해서 동쪽으로는 일본, 서쪽으로는 터키에 이르는 넓은 지역에 퍼져있는 말들이다. 알타이 어족 가운데 잘 알려진 말로는 우리 한국어랑 일본어, 만주어, 몽골어, 터키어 등이 있다.[6]

2) 알타이어의 공통특징

우리말을 가장 처음으로 알타이 어족에 포함시킨 사람은 핀란드의 언어학자 람스테드이다.

람스테드는 터어키(투르크) 몽골어, 퉁구스어 간에 친근 관계가 있다는 알타이 어족설을 내놓았고, 나아가 구체적인 언어 사실을 들어 한국어와 알타이 제어의 친근성을 증명하려 했다. 그는 앞서의 공통특징론을 뛰어 넘어 일정한 음운대응을 관찰하고 또 문법 형태소를 분석하여 그 일치하는 것을 찾는 비교언어학적 방법을 구사했다. 그런데, 그는 또한, 만년에 "한국어를 용이하게 알타이어군에 포함시킬 수는 없다"라고 언급하여 모순된 말을 하였으며(1950), "한국어는 앞으로 더 연구를 요하는 불가사의한 언어이다"라고 말한 것을 참조하면 그의 한

---

[6] 방송통신대학 국어학개론.

국어의 계통 연구는 어떤 한계가 있었음을 알 수 있다.[7]

3) 한국어는 과연 알타이어인가?

한국어와 알타이 제어와 비교할 때 국내외 많은 학자들의 연구로 현재 알타이 제어들 사이에서는 상당히 가까운 음운 현상이 이뤄지지만 한국어와는 거리가 있는 것으로 말하고 있다. 이것은 한국어가 알타이 제어와 친족 관계에 있는 것으로 가정할 수 있지만 아직 증명(proof)이 부족하고 거리가 있음을 말하는 것이다.

그러면 도대체 한국어의 정체는 무엇인가?

그런데 국어의 계통을 밝히기 위해서 알타이 제어와 비교 연구하는 것도 중요하지만 고대 국어가 어떻게 형성되었느냐에 관심을 둘 필요가 있다.[8]

4) 고대 한반도의 언어

고대시대 한반도에서는 어떠한 언어가 쓰였는지는 확실치가 않다. 3세기경 중국 역사서인 『삼국지 위서 동이전』을 통하여 그 편린을 볼 수 있고, 우리 나라의 『삼국유사』, 『삼국사기』 지리지에 반영된 옛 지명 등을 통하여 일면을 추정해 볼 수 있을 뿐 이다. 『삼국지 위서 동이

---

7 최기호 외, 『국어학서설』, p. 466.
8 Ibid., p. 479.

전』 고구려조를 보면 한반도 북부의 언어 상황을 말해주고 있으며 남부에는 한족이 살고 있었는데 진한, 마한, 변한에 대하여 그 언어가 비슷하다거나 다르다는 기록이 나온다.[9]

고대시대의 한국어는 알타이 조어에서 분화되어 원시 한어 단계를 지나는 과정에서 고아시아어 등과 영향을 주고 받으면서 지역화되어 어떤 언어층을 이루게 된다. 즉, 국어가 알타이 조어에서 언제 어떻게 분화되었는지 분명치는 않지만 고대 국어가 형성되고 신라가 삼국을 통일하여 한반도가 같은 정치체제에 속하면서 그 언어가 우리 국어의 모태가 되었다고 볼수 있다.[10]

이처럼 7세기 후반에 백제와 고구려가 신라에 의해 멸망하고, 신라의 판도가 이들의 고토(故土)에까지 확대되었다. 이로써 신라어 중심의 한반도의 언어적 통일이 가능하게 된 것이다. 이런 의미에서 통일신라의 성립은 국어 형성의 역사상 최대의 사건이라고 해서 조금도 지나침이 없을 것이다. 통일신라가 10세기 초까지 계속되는 동안 금성(金城=경주) 중심의 신라어의 영향은 점차 백제와 고구려 고지에까지 파급되었을 것으로 생각된다. 이리하여 상대(上代)신라로부터 하대(下代)신라에 이르기까지, 서라벌(경주)의 언어가 신라어의 중심이었던 것으로 믿어진다.[11] 그 이후 고려의 건국으로 개성이 언어의 중심이 되고 조선의 한양으로 이어져 오늘날 서울말이 중심이 된 국어로 발전된 것으로 생각된다.[12]

---

[9] Ibid., p. 479.
[10] Ibid., p. 480.
[11] 이기문, 『국어사개설』, pp. 49-50.
[12] 최기호 외, 『국어학서설』, p. 479.

그런데 불행히도 문헌이나 역사적 자료의 부족으로 고구려어나 백제어, 가야어 등의 모습을 파악하기 힘들고, 신라어만이 『삼국사기』, 『삼국유사』 및 내외 역사서 등을 통하여 언어 형편을 어느 정도 엿볼 수 있는 것이다.[13]

신라어의 자료로는 『삼국유사』에 실려 있는 신라 가요(향가) 14수와 균여전에 실려 있는 11수를 합한 25수를 들 수 있다. 여기에서 나타나는 향찰식 표기법은 어휘의 모습뿐만 아니라 문장구조의 모습까지도 엿볼수 있다는 점에서 가치가 있다.[14]

향찰이란 우리의 고유문자가 없던 시기에 한자의 음과 훈을 빌려 우리말을 표기하던 방식을 일컫는다. 이러한 향찰식 표기법으로 당시의 노래와 말들을 기록 한 것이다.

5) 신라와 서역, 그리고 중국과의 교류

신라는 삼국을 통일한다. 그들의 강인한 정신력과 불굴의 투지 그리고 앞선 문화, 철기문명과 기마문명 등 당시의 후진적인 한반도의 기존 세력들을 능히 제압할 수 있을 것이다.

그리고 그들은 떠나온 자신들의 고향과 고향사람들을 항상 그리워하고 그들과 교류를 하였을 것이다. 신라가 서역의 문물을 많이 흡수하고 교류한 이유가 그 까닭이라 생각한다. 그러나 그 교류와 교역이

---

13 Ibid., p. 481.
14 Ibid., p. 484.

순탄치 않았을 때(그것은 아마도 서구 지역에서 훈족의 침입으로 인한 민족의 대이동이 일어나고 그로 인한 혼란과 로마세계의 몰락과 관련이 있는 것 같다) 신라는 더 이상의 서역과의 교류가 힘든 상황이었을 때, 중국과 교류를 시작하였을 것이다. 신라는 삼국통일 이전에 중국의 문물을 흡수하고 중국과 관계개선에 나섰다. 그 본격적인 시작은 신라 지증왕 때이다. 『삼국사기』를 보면 신라 지증왕 때 이르러 국호를 '사로'에서 '신라'로 바꾸고 시호를 비로소 정하였다(기원후 503년)고 기록되어 있다. 그리고 국력을 증진한 후 당(중국)과 함께 백제와 고구려를 멸망시키고 삼국을 통일하여 자신들의 나라를 지키고 발전할 수 있었다. 그것이 역사이고 현실이다.

그리고 통일신라가 약 300년 동안 통치하면서 신라어가 백제어와 고구려어에 영향을 미쳐서 이들 언어의 동화가 어느 정도 이뤄졌을 것으로 생각된다. 그런 까닭에 우리말은 알타이어와 셈어의 특징들이 복합적으로 함께 나타나는 특이한 언어이다. 그러므로 다음과 같은 특징들을 살펴보자.

6) 알타이어의 특징들과 셈어의 특징들

(1) 알타이어의 특징

① 알타이어는 주어, 목적어, 동사의 어순이다.
② 모음조화가 뚜렷하다.
③ 두음법칙을 적용하여 어두에 유음(ㄴㄹ)이 오는 것을 회피한다
 (특히 'r'발음은 거의 오지 않는다).

④ 관계대명사가 없으며 명사의 성이 없다.
⑤ 교착어로서 조사와 접미사를 활용한다.

(2) 셈어의 특징

① 셈어는 함어와 함께 아프로 아시아어이다.
② 관계대명사가 있으며 명사의 성이 있다.
③ 동사, 주어, 목적어의 어순을 갖는다.
④ 모음이 없는 자음 위주의 문자로서 모든 명사와 어휘는 자음으로 시작한다.

그러므로 종합적으로 생각하면 우리말 한국어는 알타어의 특징과 셈어의 특징이 융합된 특이한 언어로서 가장 독특하고 유일한 언어일 것이다. 즉, 알타이어의 어순과 그 법칙에 셈어인 히브리어 어휘의 대치(차용)로 이루어져 있다고 생각한다.

필자의 생각으로는 불완전하나마 삼국을 통일한 신라가 대동강 이남까지 그 영토가 확장이 되는데, 그 구성 인구수에 있어서 알타이어를 사용하던 고구려와 백제에 비하여 훨씬 적었기 때문일 것이다. 뚜렷한 예로는 현재의 한국어도 한자어와 영어의 어휘를 많이 차용하여 사용하지만 어순이나 어법 등 알타이어의 특징은 여전히 나타나는 것과 동일하다.

2. 고대 우리민족의 표기방법(문자)

1) 훈민정음의 창제

아득한 옛날 문자 없이 언어생활을 하던 선조들은 한자를 빌어서 비로소 문자생활을 시작했다. 그러나 한자로는 우리말의 음절구조나 음운체계의 많은 차이점 때문에 만족할만한 표기방법을 얻지 못하게 되었다. 서기체(한자를 우리말의 어순으로 풀어쓰는 것), 이두, 구결, 향찰 등으로 표기법을 써 본 것은 바로 이런 고충의 산물이라고 볼 수 있다. 이런 난제를 해결한 것은 조선조 4대 임금 세종대왕 때이다. 훈민정음은 세종 25년에 창제 완성되고, 28년에 반포되어 세상에 빛을 보게 된다. 이 새로운 표기법의 창제는 언어의 변혁은 아니지만 새로운 표기법으로 말미암아 언어의 여러 분야에 영향을 끼치게 된다. 이런 의미에서 훈민정음의 창제는 국어사적으로도 중요한 계기를 마련해주고 있다.[15]

2) 우리말과 한자어

현재 우리가 쓰는 한자발음은 1443년 세종대왕의 훈민정음 창제 후 우리말을 표기할 수 있는 한글이 만들어짐으로 해서 비로소 정확한 발음을 표기할 수 있게 된 것이다. 세종 시절에 발간한 『동국정운』은

---

15 Ibid., p. 491.

한자음의 통일을 위한 중요한 책이었던 것이다. 그러나 우리의 경우 너무 사대주의 사상에 빠져 한자와 중국문화에 치우쳐서 우리말과 글에 대한 연구가 잘 전해져 오고 있지 않은 것 같다. 예를 들면, 현재 우리말 중의 70% 정도가 한자어이다. 순 우리말은 약 30%도 되지 않는 것이다. 사계절을 뜻하는 '봄·여름·가을·겨울'도 '춘하추동'이라는 말과 함께 쓰고 있다.

어떤 말이 더 아름답고 정겨운가?

또 방향을 가리키는 '동서남북'의 경우는 아예 우리말이 남아있지도 않다.

세상에 방향이 없이 사는 사람이 어디 있는가?

그런 사람을 정상인이라 할 수 있을까?

그런데도 불구하고 우리말은 한자어에 빼앗겨 사라진 것이다. 통일신라 시절 원효대사의 아들인 설총이 우리말과 글을 표기할 수 있는 문자와 방법을 만들었다고 하는데 실제로 오늘날까지 전해져 오고 있지 않다. 그렇지만 저자는 추측컨대 오히려 이것이 일본에서는 잘 활용되었던 것 같다.

3. 일본의 표기방법(문자)

현대의 일본의 문자 '가나'는 우리의 고대부터 내려오던 이두와 향찰과 구결 등의 표기법과 너무 유사하다. 그러므로 이것을 고대 일본의 독자적 발전의 결과라고 보기에는 곤란하다는 생각이 든다. 이는 일본이 고대시대부터 한반도의 문물을 많이 수입하여 국가 사회발전을 이루어왔기 때문이다. 이런 배경에서 『삼국유사』 연오랑과 세오녀의 설화가 성립되었을 것이다. 동해안에서 거주하던 그들이 일본으로 건너가서 왕과 왕비가 되었다고 기록되어있다. 그러한 까닭에 일본의 경우 고대 발음에 있어서 우리의 경우보다 더 정확한 경우를 많이 볼 수 있었다. 더구나 일본은 지정학적으로 고립된 섬나라인 관계로 외부의 침입을 많이 받지 않고 독자적인 사회문화를 이루어 온 까닭에 원시 혹은 고대로부터의 흔적이 많이 남아있기 때문이다.

예를들면, 합천의 다라가야의 경우 다라가 히브리어로 '다르'를 표기한 것인데, 이의 뜻은 '구슬'이라는 뜻이다. 일본은 이것을 '다마'라고 하여 그대로 사용하고 있다.

안라(아라)의 경우 우리의 발음은 '안라'로 읽지만, 일본측 발음은 그대로 '아라'이다. 히브리어 '아르'(ar)는 '성읍, 나라'라는 말이다. 또 눌지왕 때의 박제상 이야기의 경우 『일본서기』에도 그대로 기록되어 있다. 미사흔을 우리의 경우 '미해'로 기록되어 있는 반면 일본측 표기는 '미사희'(未叱喜) 또는 '미사허지'로 되어있는데, 히브리어 '메시아호'(mesiah, משח)는 기름부음을 받은 자(왕, 제사장, 선지자) 즉 '왕권을 보유한 자'라는 말이다(기독교에서는 이것을 크리스트로 번역하여 구세주[메시아]라고 해석한다). 그러므로 '미사흔'(미해)은 왕자라는 뜻을 내포하고 있고 실제로 미사흔은 내물왕의 막내아들이다. 또한, 박제상의 이름을 우리측 기록으로는 '모말'(毛末)이라고 되어있으나 일본측 기록은 '모마릿지'라고 되어있다. '모말'은 히브리어 '마믈라크'(mamelak, ממלך)를 표기한 것으로 생각되는데 이것은 왕, 왕권, 왕위 등의 의미를 가진다. 즉, 박제상의 신분이 왕족출신이라는 것이다. 이것의 표기로 모마릿지로 표기한 것은 한결 더 근사한 느낌을 주기에 충분하다. 끝부분의 '지'는 존칭어로 여겨진다.

4. 이스라엘의 역사

이스라엘의 조상 아브라함은 하나님의 지시로 갈대아 우르 땅(지금의 이라크 지방)에서 가나안 땅으로 건너온다(건너온다는 히브리어 에베르-eber에서 히브리인이라는 말이 유래되었다 한다). 아브라함의 후손임을 자부하는 히브리인은 400년간을 이집트에서 지낸 후 모세의 인도로 이집트를 탈출하여, 40년 동안의 광야생활 끝에 가나안 땅에 정착한다. 그후 다윗과 솔로몬 왕국의 번영 이후 분열되어 북쪽 이스라엘과 남쪽 유대가 서로 대립하다가 북쪽 이스라엘은 아시리아에 의하여 멸망당하여 흩어지고(기원전 721년). 남쪽 유대는 바빌로니아에 의하여 패망한 후 포로로 잡혀간다(바벨론 유수, 기원전 586년).

그 후 70년이 지난 후 페르시아의 고레스 왕의 칙령으로 유대민족은 다시 본국으로 돌아오게 된다. 그리고 페르시아 시대와 그 후, 그리스(마케도니아)의 알렉산터 왕과 뒤이은 로마의 지배를 받게 된다. 기원후 70년 그리고 기원후 135년경에 로마에 저항하여 반란을 일으키나 실패하여 비극적으로 진압당하고 전 세계로 흩어지며 약 2000년의 세월을 이산과 유랑의 나날을 겪는다. 참혹한 고통의 세월을 지낸 후 1948년에야 비로소 독립하여 이스라엘이 건국된다.

디아스포라(이산)의 히브리인들은 어디로 갔나?

일찍이 고대시대에 만주와 한반도의 북부 지방에는 고조선이 있었고, 고조선이 멸망 후 북쪽에는 고구려와 부여, 동예, 옥저가 각각 세워졌고, 남부 지방에는 삼한이 있었다고 한다. 이 삼한이 변한과 진한, 마한이다. 그 중 변한과 진한은 각각 가야와 신라로 통합되어 발전한다.

이 가야와 신라는 우리의 역사에서 특이하고 신비스러운 모습을 많이 보여주는데 그 이유가 바로 그들이 히브리 민족이기 때문이다. 히브리인이 언제쯤 한반도의 남부 지방에 나타났는지 확실치는 않지만 신라의 건국 년도가 기원전 57년이라고 하므로 아마도 그보다 훨씬 이전에 이 땅에 히브리인의 이주와 정착이 이루어 졌을 것으로 짐작된다. 그 시기는 일찍이 중동의 가나안 지역 역사에서 히브리인의 나라가 주변의 강대국의 침략으로 패망하여 이산(디아스포라)의 역사가 빈번하였는데 이때 흩어진 무리의 일부가 이 땅에 흘러온 것이 아닌가 추측해 본다.

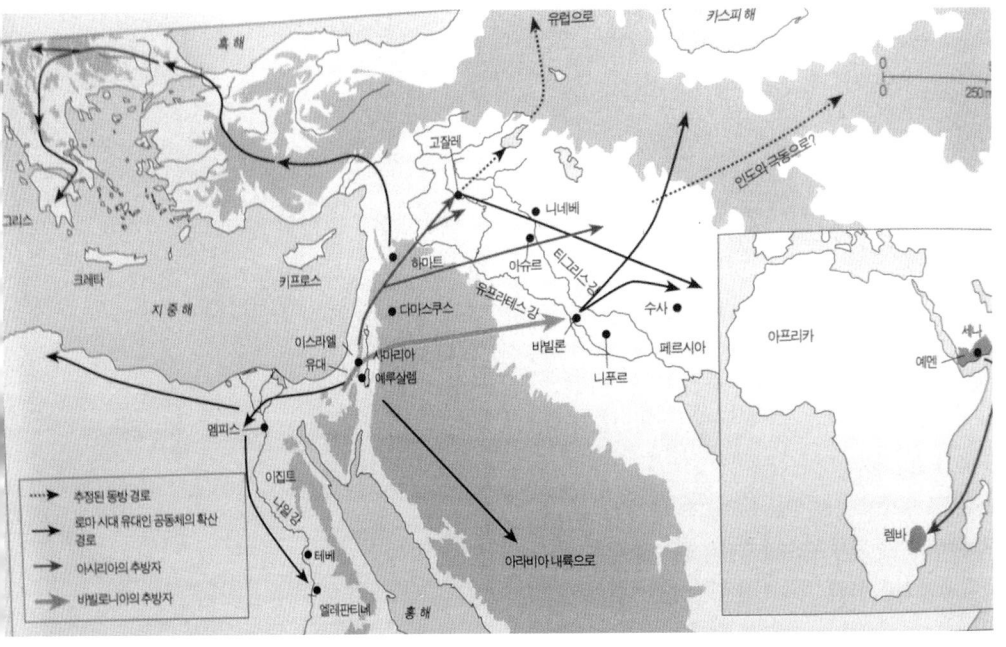

히브리민족의 이산(디아스포라)[16]

---

16   브라이언 M 페이건, 『고대세계의 70가지 미스터리』, 남경태 역 (서울: 위즈덤 하우스,

어떻게 그 머나먼 중동 땅에서 이곳 극동의 땅 끝까지 올 수 있었을까? 그것은 현재로써는 참 알기가 어렵다. 대충 생각하건데 북방의 실크로드를 통하여 중국과 한반도의 북부 지방을 거쳐서 내려오는 방법과 인도대륙과 동남아와 중국의 남방 지역을 항해하여 이곳으로 오지 않았을까 생각해 보지만 그 당시의 항해술로는 역시 쉽지 않은 방법이다. 하지만 생존의 기로에 선 민족이 죽음을 각오하고 살길을 찾아서 왔던 것 같다. 흥미로운 하나의 가설로서 '이스라엘의 사라진 10지파'설을 들 수 있다.

기원전 721년 아시리아의 사라곤 대왕은 군대를 거느리고 남쪽으로 시리아를 거쳐 이스라엘왕국을 공격했다. 수도인 사마리아를 불태운 뒤 왕은 이스라엘 지도자들을 그들의 가족과 함께 북쪽의 시리아로 추방하여 농부, 기술자, 상인으로 삼았다.17

이른바 유대인들의 이산(디아스프라)으로, 세계 각지로 유대인들은 흩어졌다. 이러한 이산 과정에서 유대인들은 서쪽으로, 그리고 동쪽으로도 갔는데, 최근에는 아라비아와 중국, 인도 등지에서 유대공동체가 있다는 사실이 알려졌다.

또한 자신들이 유대혈통이라고 주장하는 사람들 중에는 파키스탄, 인도, 아프카니스탄, 이란에 사는 독실한 모슬렘인 파탄족도 있다. 그들은 모슬렘이지만 '베니 이스라엘' 즉 이스라엘 사람이라고 자칭하며 유대식 휴일인 안식일과 같은 유대관습들도 보존하고 있다. 미얀마

2008), p. 56.
17 브라이언 M 페이건, 『고대세계의 70가지 미스터리』, 남경태 역 (서울: 위즈덤 하우스, 2008), p. 56.

의 미조족과 베니 메나셰(므나쎄의 아이들)는 '이와'를 숭배하는데 '이와'란 다름아닌 이스라엘의 신이다. 또한 중국 북서부에 사는 쳉민 부족은 자신들이 아브라함의 후손이라고 믿는다. 그들 사회는 제례를 담당하는 특별한 사제신분이 있으며, 제례의 순수함을 매우 강조한다. 그리고, 이스라엘의 후손이라고 주장하는 사람들은 세계 각지에 있다. 이 그림은 1877년에 나온 '일본으로 옮겨간 이스라엘 사람들의 행군행렬'로 고대 그림에서 발췌한 부분이다.[18]

일본으로 옮겨간 이스라엘 사람들의 행군행렬

이산하는 이스라엘인들이 멀리 본거지를 떠나 일본까지 갔는데, 일본으로 가기 전에 경유하여야 할 한국에 이스라엘인들이 오지 못할 이유는 없다. 이들 유대인들이 한반도까지 흘러 들어왔다면 오리엔트 문화와 서역의 문화와 문자를 한국사회에 이식하였을 가능성은 충분히 있다.

---

18 브라이언 M. 페이건, 『고대세계의 70가지 미스터리』, p. 58.

5. 한국과 이스라엘(히브리인), 그리고 2000년

셈어에 속하는 히브리어는 오랜 옛날 이스라엘과 유대의 멸망으로 이산(디아스포라)된 까닭에 사어가 되어버렸다. 최근에 와서 이를 복원시켜 사용하고 있는데, 즉 2000년 전의 말을 부활시켜 사용하는 것이다. 한국어는 2000년의 세월 동안 많은 변화를 겪은 반면, 히브리어는 2000년 전에 사어(死語)가 되어버려 변화가 없는 상태에 있다가 재차 복원하여 사용을 하는 것이다. 구약성경 기록 당시의 히브리어는 모음이 없었다. 자음으로만 기록이 되어 있었다. 그러므로 그 발음은 오직 구전에 의한 전승에 의하여만 이어져 왔다. 이를 '맛소라'(massorah-전승, 전달의 뜻)라 한다. 그런데 이 맛소라학파들의 전승이 과연 변화 없이 정확하게 이어져왔을까 하는 의문을 떨쳐 버릴 수가 없다. 왜냐하면 우리나라의 경우 훈민정음 창제 당시(1443년)의 우리의 발음도 지금과는 많이 다르기 때문이다. 훈민정음 당시의 글자 중 4개(ㅸ ㆅ ㅿ ㆍ)는 현재 이미 소멸되어버렸고 성조도 없어졌기 때문이다. 약 500-600년 만에 이렇게 큰 변화가 있었는데 이스라엘의 경우 2000년 동안 아무변화가 없이 이어져왔다면 그것은 언어학적으로 무리라는 생각이 드는 것이다.

1) 이스라엘 지역의 방언

구약성경 사사기 12:5-6을 보면 이스라엘 지파 간에도 경상도만한 좁은 땅에서 서로 따라할 수 없는, 발음이 다른 방언이 존재하였음이 나타난다. 그 내용은 에브라임 지파가 전쟁에 패하여 상대방 지파에게 보복을 당하는데, 에브라임 지파의 패잔병들에게 '쉬뽈렛'이라고 발음을 시키자 그들은 이 발음을 하지 못하고 '씨뽈렛'이라고 발음을 하였다고 한다. 이렇게 발음하지 못하는 자들을 구별하여 살해하는 장면이 나온다. 이것은 마치 우리의 경상북도와 대구 사람들에게 '쌀'(米)을 발음시키면 이 소리를 내지 못하고 '살'하고 말하는 경우가 흔한데 이 것과 아주 유사함을 보여준다.

2) 맛소라란?

맛소라(Massorah)라는 용어는 일반적으로 오늘날의 성경 연구 분야에서 필사본이나 인쇄본 본문과 함께 전승된 맛소라 난외주를 가리키는 것으로 사용되고 있다. 그러나 넓은 의미에서 본다면 맛소라는 수세대에 걸쳐서 유대교 안에서 전해 내려온 전승들과 규칙들-성경 필사본들의 필사 및 사용과 관련된 모든 측면들을 통제하는-을 가리킨다. 문서화된 맛소라는 히브리 성경 본문과 함께 전승된 정보 일체를 일컫는다.[19]

3) 맛소라의 역사

옛날에는 세 개의 큰 맛소라 전승 줄기들이 있었다. 이 셋은 세 가

---

[19] 페이지 H. 켈리 外, 『히브리어 성서(BHS)의 마소라 해설』, 강성열 역 (비블리카 아카데미아, 2005) p. 1.

지의 상이한 발음 전승들에 따라서, 그리고 모음이나 강세 표시와 관련된 상이한 필사체계에 따라서 생겨난 것이다. 팔레스타인 전승과 바벨론 전승 및 티베리아 전승 등이 그렇다. 그러나 결과적으로는 티베리아 전승이 다른 두 전승보다 우세하게 되었고, 오늘날에는 그것이 사람들에게 가장 널리 알려져 있다.[20]

이러한 까닭에 필자는 우리의 고대 역사서나 문헌에서 고대의 말과 노래 등을 집중적으로 찾아보았으며 고대 역사의 최고의 양대 사료로써 『삼국사기』와 『삼국유사』를 선택하여 중점적으로 살펴보았다.

그 이유는 고대로 거슬러 올라 갈수록 언어와 문화가 본래의 원형에 가깝기 때문이다.

6. 히브리인의 나라 - 가야와 신라(고대사의 흔적)

너무 엉뚱하고 황당하다고 생각하겠지만, 이 땅에 히브리인의 이주와 정착이 있었다면, 분명 그들의 언어와 문화와 역사의 흔적이 남아 있을 것이고 문자와 기록이 남아있을 것이다. 그런데 1500년-2000년 전의 일이기 때문에 기록이 있다고 하여도 전부 마멸되고 훼손되어 사라져버린 것이다. 유일하게 남아있는 것은 돌이나 비석, 토기 등에 기록된 것들이다(다시 말하면 신라와 가야의 유물과 유적 가운데 이집트, 이스라

---

[20] 페이지 H. 켈리 外, 『히브리어 성서(BHS)의 마소라 해설』, p. 15.

엘 등 고대 지중해 주변에서 사용하던 문자와 유물이 많이 나타난다는 것이다).

신라의 유물과 유적 가운데 서역의 영향이 많이 보인다는 것은 이미 널리 알려진 일이다. 예를 들면, 경주 계림로 14호분의 황금보검과 왕릉들에서 발견되는 로만글라스 계통의 유리제품과 황남대총의 인면 구슬과 괴릉의 무인상 등은 서역문화의 뚜렷한 증거이다.

이제 신라와 가야가 서역을 넘어서 이스라엘과 지중해 주변국들의 영향을 많이 받았다는 것을 증명할 것이다.

이제 가야어와 신라어가 히브리어라는 것을 확인하기 위하여 우리의 역사와 말과 노래들을 살펴보자. 이를 확인하기 위하여 우리의 고대 역사서인 『삼국사기』와 『삼국유사』 뿐만아니라 일본과 중국의 기록도 참조하려 한다.

1) 가야의 여러나라들(가야제국)

가야는 한반도 남부 지방의 낙동강과 남강, 황강 등 강과 남해안의 바다를 끼고 성장한 지역국가들이다. 『삼국지 위서 동이전』에 보이는 변한 12국이 성장 발전하여 가야의 여러 나라들이 되었다. 『삼국유사』에는 가야의 국명에 대해서 아라가야·고녕가야·대가야·성산가야·소가야·금관가야·비화가야가 있었다고 전하고 있다. 그러나 이들 국명은 가야 당대의 국명이 아니라 후대의 국명들이므로 그대로 사용하기에는 문제가 있다. 『일본서기』에는 가야 여러 나라 이름들이 등장하는데, 가라국·안라국·사이기국·다라국·졸마국·고차국·자타국·산반하국·걸찬국·임례국·남가라·탁순·탁기탄 등으로 기록되어 있다.

가야 역사의 시작을 그 전신인 변한 소국의 형성부터라고 본다면 기원전 3세기까지 소급해 볼 수 있으며, 멸망 시기는 지역국가마다 차이는 있으나 대체로 6세기 중·후엽 무렵이다(함안박물관).

가야는 기원전후에 낙동강 하류인 김해 지역을 중심으로 성립되었으며 가라 또는 가락, 본가야, 금관가야 등으로 불린다.

흔히들 김해 지역을 평야 지대로 생각하고 있지만, 지금의 모습은 1900년경에 형성된 것이다. 구야국이 존재했던 시기의 김해 지역에서 인간거주와 토지이용이 가능했던 지역은 현재의 산간 지대에 소규모로 형성된 지극히 협소한 곡저평야였다. 현재 김해분지의 대부분은 가야 시기에는 김해만(바다)이었다.[21]

가락국기에는 가락국의 건국이 기원후 42년이라 기록하고 있다. 수로가 하늘에서 구지봉으로 내려와 나라를 세운 것이다. 가락국의 성립은 『삼국지』에 보이는 변한 12국 중의 하나인 구야국을 가리킨다. 가락국을 성립시킨 수로집단이 왔다는 하늘은 어디였는지, 그리고 김해 지역으로 도래한 시기는 언제였는지에 대해서는 알기 어렵다.[22]

가락국의 성장은 철생산과 밀접한 관련이 있다. 변한에서는 철이 생산되어 가깝게는 한과 예, 멀리는 낙랑군·대방군과 바다 건너의 왜국까지 수출되고 있었다.[23]

---

[21] 남재우, 『가야, 그리고 사람들』 (선인도서출판, 2011),
[22] Ibid., p. 116.
[23] Ibid., p. 117.

2) 가야(가라)의 여러 나라들의 명칭의 뜻

가라(혹은 가락)는 히브리어 키르(keer, קיר), 키랏(keeryat, קרית)을 한자의 음을 빌려 기록한 것이다. 이것은 성, 성읍, 도시, 나라 라는 말이다.

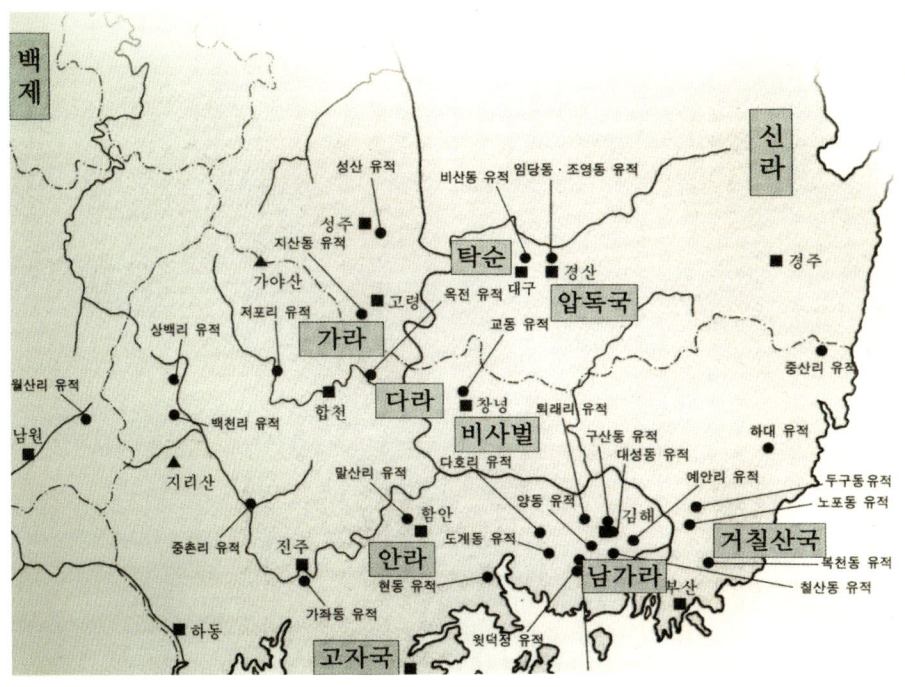

삼국시대 가야의 주요나라 위치도(출처: 함안박물관)

이것은 신라국호에서도 보인다. 신라의 또 다른 이름인 '계림'이라는 것도 히브리어 키림(키르의 복수형)의 표기이다. 즉, 박, 석, 김씨의 '3성의 연합국가'라는 것이다.

가야는 일연이 기록한 『삼국유사』에서 시조인 수로왕을 시작으로 하여 마지막 왕 구형왕까지 기록되었다(이것은 어느 문인의 가락국기를 인용한 것이라 한다). 마지막 왕 구형왕의 항복(532년) 후 가야의 세력은 신라에 편입되어 진골귀족 계급으로서 활약한다. 그리고 그 후손은 훗날 명장 김유신을 배출하는 등 신라를 중심으로 한 삼국통일에 커다란 공로를 세우게 된다. 지금도 김수로왕과 허황옥 왕비를 시조로 하는 김해 김씨와 김해 허씨는 한국 최대의 성씨를 이루고 있다. 우리나라 역사책의 경우 유일하게 『삼국유사』에만 기록되어 김해의 금관가야와 5가야만이 기록이 되어있으나, 일본측 기록과 중국측의 기록은 이와 다르게 12가야 혹은 13가야 등으로 기록되어있다(『삼국유사』의 금관가야에 관한 기록은 본서 제2부 "삼국유사의 히브리적 해석 가락국기"에서 다시 설명한다).

가야제국의 주요한 나라 가운데는 그 명칭을 어원적으로 뚜렷하게 이해할 수 있는 나라가 몇몇이 있는데, 김해의 본가야(가락), 합천의 다라가야, 고령의 대가야, 함안의 아라가야 등이다.

이들을 히브리어원적으로 해석해 보면 김해의 가야는 히브리어 고이(gowy, גוי)를 한자의 음을 빌려 기록한 것이며, 이것은 사람들, 백성, 민족을 말한다. 그리고 가야의 어원을 더 살펴보면 히브리어 고야(goya)는 골짜기, 계곡이라는 말이다. 그러므로 골짜기를 경계로 하여 그 사이에 각각의 씨족과 부족들이 거주하였을 것이기 때문에 이것이 백성, 민족이라는 말로 발전하였을 것이다.

3) 다라가야

(1) 다라국: 구슬의 나라

경남 합천군 쌍책면 성산리에 옥전(玉田)이라 불리는 언덕이 있다. 말그대로 '구슬 밭'이다. 실제 옥전고분군의 많은 유구에서 많은 구슬들이 출토되었다. 비취, 마노, 호박, 유리, 곡옥, 환옥, 관옥 등 그 종류도 다양했다. 직접 구슬을 만든 흔적도 보인다.[24]

합천 옥전고분에서 출토된 목걸이, 옥, 구슬(합천박물관, 2005)

---

24 Ibid., p. 159.

① 옥전고분군을 통해 본 다라국의 위상

다라국은 5세기 말 6세기 초에 강력한 나라로 성장하였다. 다라국 왕릉의 발굴을 통해서 왕의 위상이 나타났는데, 가야고분에서는 거의 발견되지 않았던 용봉문환두대도가 그것이다. 그것도 한 자루도 아닌 네 자루나 출토되었다. 전성기의 왕이 바로 이 무덤(M3호분)의 주인이었던 것이다.

② 옥전에서 보이는 대외교류의 흔적

그리고 또 다른 고분(M1호분)에서는 조사된 로만글래스는 경주 지역을 제외한 우리나라 어디에서도 발견된 적이 없는 유물이다. 이 로만글래스는 경주 금령총에서 꼭 같은 것이 출토되었고, 경주 지역의 서봉총, 천마총, 황남대총 등 신라고분에서만 19점이 조사되었다. 로만글래스의 원류는 지중해 지역이나 라인강 유역이며, 중앙아시아를 가로질러 극동 지역으로 파급된 것으로 파악되고 있다.[25] 다라국이 이처럼 성장할 수 있었던 것은 교통의 요지에 자리잡고 있었던 지리적 조건 때문이었다. 옥전은 대가야가 위치했던 고령과 이어지는 협곡에 자리잡고 있어 농업생산력이 풍족한 지역은 아니었다. 그러나 황강 하류가 굽이쳐 낙동강으로 나아가는 물길의 요지에 있었으므로, 인접나라와 활발한 교류를 통하여 성장이 가능했다. 또한 군사적 요충지이기도 했다.[26]

---

[25] Ibid., p. 164.
[26] Ibid., pp. 162-163.

다라국의 그러한 위상은 중국에도 전해졌다. 양나라 무제가 백제 사신의 내왕을 그린 〈양직공도〉에도 다라는 대가야나 신라와 함께 백제 인근의 저명한 나라로 기록되어있다. 이러한 다라국과 같은 지명이 합천의 다라리였고, 거기에서 엄청난 가야의 보물들이 발견되었던 것이다. 물론 다라리라는 현재의 지명이 얼마까지 거슬러 올라갈 수 있을지는 잘 알 수 없다. 다만 신라 때에 합천이 대량 또는 대야로 불렸던 것은 잘 알려진 사실이고, 대량은 '대라' 또는 '다라'로 발음되었을 것이다.[27]

다라가야는 『일본서기』 기록에도 나오는데, 구슬진주 등이 특산품이었으며 이의 무역산업으로 발전하였던 것 같다. 히브리어로 '다르'(dar, דר)는 구슬, 진주라는 뜻이다. 이것을 한자로 '다라'(多羅)로 기록한 것이다.

4) 대가야

대가야는 금관가야(김해)를 제외하고는 유일하게 건국신화를 남겼다.

> 대가야는 고령 지역을 중심으로 하여 발전하였으며, 본래 가야대국이었다. 시조 이진아시왕으로부터 도설지왕에 이르기까지 모두 16세, 520년이었다[최치원의 석리정전에 이르기를 "가야산신 정견모주가 천신 이비가지에게 감응되

---

27 이영식, 『이야기로 떠나는 가야 역사여행』 (지식산업사, 2015), p. 216.

어 대가야 왕 뇌질주일과 금관국왕 뇌질청예 두 사람을 낳
았다"라고 하였다. 그러므로 뇌질주일은 곧 이진아시왕의
별칭이 되고 청예는 수로왕의 별칭이 된다].[28]

    천신 이비가지는 히브리어 아비케셈을 한자음으로 표기한 것으로 보인다. 케셈(qesem, קסם)은 제사장이라는 뜻으로서 '아비(아버지)는 케셈이다'라는 말로서 히브리어 이름에서 흔히 볼 수 있는 형식의 이름이며(성경에서 나타나는 이름은 아비멜렉, 아비가일, 아비아달 등이있다.) 뇌질은 히브리어 니사(niysa) 혹은 나시(nasiy, נשי)를 한자음으로 표기한 것으로 신라의 왕호 니사금과 발음이 비슷하다. 지도자, 군주, 왕이라는 의미이다(질의 발음이 당시 가야에서는 시, 사로 발음하였던 것 같다. 예를들면, 신라의 왕호 니사금을 니질금으로 기록하였다). 신라의 왕호 니사금은 히브리어 나시크(nasiyk), 니사크(nisak, ניסך), 느시캄(nesikam, נסיכם)을 한자를 차음하여 기록한 것으로 여겨지며 이것의 뜻은 제사장, 왕, 군주이다.
    그 시조가 이진아시라고 전해오는데 이는 탈해왕이 신라(사로국)의 왕이 되기 전 그 몸을 의탁하였던 '계림의 동쪽'에 있던 아진의선 노파와 그 이름이 흡사하다. 그러므로 이 두 사람의 이름 중에서 이진과 아진은 동일한 말을 한자로 다르게 표기한 것이라고 생각된다. 이진과 아진은 히브리어 아진(ahzin, אזן) 또는 아젠(ahzen)을 한자음을 차음하여 기록한 것으로 이것은 강대한 병력, 무력, 무기, 병기를 의미한다. 그

---

[28] 고령현, 『신증동국여지승람』 건치연혁조

러므로 강력한 무장집단이었다는 의미이다.

　탈해왕의 노모(노파) 아진의선의 이름에서 의선은 히브리어 이샤 (iysha, אשה)를 표기한 것으로 여자, 여인, 귀부인을 의미한다. 이름에서 보듯이 탈해왕의 노모(노파)는 강력한 무장 세력을 거느린 여성 지도자였던 것 같고, 고령 대가야의 이진아시의 경우 아시는 히브리어 이시 (iyshie, איש)로 남자 또는 사람, 대장부(지도자)를 의미한다. 그러므로 이진아시의 이름을 해석하면 '강력한 무장(무력)을 보유한 사람(지도자)' 이라는 뜻이다.

5) 아라가야

　지금의 함안 지방에 위치하였다. 광개토왕릉비에 보면 신라 내물왕 당시 신라를 침공한 가야와 왜의 세력으로 신라가 위기에 처하자, 신라는 고구려의 광개토왕에게 도움을 청하는데, 이에 응하여 고구려는 5만 명의 기병과 군사를 보내어 가야와 왜의 세력을 토벌하였으며 종발성에까지 공격하여 가야의 세력에 치명타를 입힌다. 그 이후 김해의 금관가야는 그 세력이 쇠퇴하고 함안의 아라가야와 고령의 대가야가 후기 가야의 주도 세력이 된다.

　일제는 한일합방을 합리화하기 위하여 임나일본부를 주장하며, 옛적부터 한반도의 남부 지방을 그들이 통치했다는 주장을 펴왔다. 그리고 그것을 합리화하기 위하여 여러 고분들을 졸속으로 파헤쳐서 많은 발굴 유물들을 가져가거나 훼손시키고, 숨겨서 그 발굴자료조차 우리에게 보여주지 않는다. 그런 까닭으로 자료가 많지는 않으나 1970년대 이후, 이 고고학적 발굴과 『일본서기』 기록과 중국의 기록 등을 통하여 많은 연구가 행하여졌다.

『일본서기』의 6세기대 기록인 계체기와 흠명기에는 안라국에 대한 기록이 수없이 많다. 따라서 아라가야는 가락국, 대가야와는 달리 아라가야의 존재를 알려주는 기록이 지속적으로 존재하고 있으므로 가야 전시기에 걸쳐 강력한 정치집단으로 존재하였다고 볼 수 있다. 유적이나 유물 또한 아라가야의 정치적 발전을 잘 보여주고 있다. 아라가야의 정치적 성장을 보여주는 대형고분군인 말이산고분군은 규모면에서도 고령의 지산동고분군에 못지않다.[29]

함안의 아라가야는 안야 혹은 안나, 안라 등으로 기록되어있는데 이것은 단지 히브리어 '아르'(ar)를 이두식으로 표기한 것에 지나지 않는다. 고대시대에 한자음이 일정치 않았고 한자가 보편적이지 않았기 때문에 나타난 결과로 생각한다. '아라'라는 말을 해석하면 히브리어 '아르'(ar)를 표기한 것으로 이것은 '성읍,' '도시,' '나라'(국가)라는 말이다.

아라가야는 광개토왕릉비에 임나가라라는 명칭과 함께 나타난다. 이 임나(immna, עמנה)는 히브리어로 강변 또는 수변이라는 말이다. 그러므로 임나가라라 함은 강변의 여러나라들이라는 말이다. 즉, 낙동강변에 있는 여러 나라들이다. 일본어로는 임나를 '미마나'라고 읽는다. 여기서 '미'는 '물'을 의미한다. 우리말의 '미나리, 미더덕, 미역' 등에서 나타나는 '미'는 마찬가지로 물을 의미한다. 히브리어에서도 '미'는 '물'을 의미한다(마임의 변형). 그러므로 내륙 지역인 경주에 있던 신라(사로국)는 여기에 포함되지 않는다. 고대시대에는 신라와 가야의 언어

---

[29] Ibid., p. 129.

와 왜(일본)의 언어가 같거나 비슷한 경우가 많이 나타난다. 이에 관하여는 좀 더 연구가 필요할 것이다.

6) 임나가라와 임나일본부[30]

'임나일본부'란 왜에서 가야에 파견된 사신이었다. '임나일본부'는 '임나'(任那)와 '일본'(日本)과 '부'(府)의 합성어이다. 임나는 가야 지역을 이르는 말임에 틀림없다. '일본'이란 국호는 7세기 이후에나 확인되는 것으로 '임나일본부'가 있었다는 6세기 중엽에는 존재하지 않았다. '부'는 『일본서기』의 여러 필사본과 주석서를 보면 '일본부'는 '야마토의 미코토모치'로 읽혀지고 있다. 즉 '부'는 원래의 '미코토모치'를 한자로 표기한 것에 불과하다. 미코토모치는 왕의 명령을 전달하기 위하여 지방에 파견되었다가 되돌아오는 '일회용 사신'이었다. 따라서 일본부는 '왜의 사신'이었으며, 따라서 임나일본부는 "임나 또는 가야에 파견된 왜의 사신"이었던 것이다.

『일본서기』 흠명기 15년(554) 12월조에 '재안라제왜신' 즉, "아라가야에 있었던 여러 왜신들"이라 표기하고 있다. 따라서 일본부는 아라가야에 있었던 왜의 사신이나 사신 집단임을 알 수 있다.[31]

미코토모치를 어원적으로 분석해 보면 미코는 신라와 가야의 왕호 마립간 또는 매금 또는 말금의 일본식 표기이고, 모치는 우리말의

---

30 Ibid., pp. 137-138.
31 남재우, 『가야, 그리고 사람들』.

머슴이다. 이들의 히브리어원은 왕을 의미하는 멜레크(melek, מלך), 말캄(malkam), 밀콤(milkom)과 하인, 신하를 의미하는 마쉬모트(mashmot, משמעת)이다.

7) 가야토기

토기는 인간의 음식문화를 담는 중요한 매개체이다. 신석기시대에 처음 만들어진 이래 가야시대에는 무덤과 주거지에 이르기까지 다량 출토되는 대표적인 유물이며 주요 편년자료로 활용될 만큼 가야와 신라의 고고학적 연구에 있어 중요한 연구대상이다.[32]

현재까지 가야 지역에서 확인된 토기가마유적의 특징을 든다면 먼저 함안군 법수면의 우거리, 장명리, 묘사리 가마유적 등과 같이 대량생산을 위한 토기생산구역이 따로 존재하는 것이다. 이것은 국가에서 관리하는 대량생산을 위한 토기생산구역으로 파악되며 각 지역으로 유통되었던 것으로 파악된다.[33]

8) 토기의 기호(도부호)

토기에도 상표가 있었다. 최근 조사된 함안 우거리토기요지에서 발굴된 토기에는 암호와 같은 다양한 기호들이 확인된다. 이러한 기호의

---

[32] 남재우·김주용·천성주·성진석 공저, 『가야인의 삶, 그리고 흔적』 (선인출판사, 2011), p. 231.
[33] Ibid., p. 233.

용도는 토기를 만든 공인을 확인하기 위한 상표라고 할 수 있다. 이러한 기호는 함안 우거리 일원에서 여러 명의 공인들이 공동으로 가마를 이용하여 토기를 굽는 생산체계를 가지고 있었고, 구워진 토기를 꺼내는 과정에서 각각의 공인이 만든 토기를 구별하기 위한 것이었다.[34]

이러한 기호가 새겨진 토기를 통해 'MADE IN' 함안토기의 유통범위를 알 수 있다. 기호는 토기 제작공인의 상표와 같은 기능을 하였으므로 동일 기호는 최소한 동시기에 동일 공인 또는 동일 제작그룹에 의해 제작되었다고 할 수 있다. 이러한 기호가 새겨진 함안토기는 경주를 비롯한 대구 등 신라권 전역과 인근의 창원, 진주, 합천, 김해 지역까지 확인되고 있어 낙동강, 남강을 통해 폭넓게 유통되었음을 알 수 있다.[35]

함안박물관에는 이러한 기호를 도부호(陶符號)라 하며 다음의 글이 소개 되어 있다.

> 함안 우거리 토기가마의 토기폐기장에서는 토기를 구울 때 찌그러지거나, 깨져서 못쓰게 된 실패품이 수만 점 이상 발견되었다. 토기를 만들 당시에는 쓰레기로 취급되어 땅속에 묻혔지만, 이들이 오히려 중요한 정보를 쏟아냈다. 그 중에서도 눈길을 끄는 것이 바로 토기에 새겨진 기호-도부호(陶符號)이다. 과연 이 기호는 무엇을 의미하는 것일까?(함안 박물관)

---

34 Ibid., p. 235.
35 Ibid., p. 237.

함안군 우거리 가마 출토 토기의 도부호(출처: 가야토기-박천수)

이 기호(도부호)는 무엇을 나타내는 것일까?

또 무엇을 의미하는 것일까?

이 기호들은 아무렇게나 뜻 없이 쓴 것은 아닐 것이다.

그들이 사용한 내막은 무엇일까?

그런데 필자가 앞에서 이미 말했듯이 이집트 및 원시나이 문자와 히브리-페니키아 문자 및 서양알파벳(그리스) 문자가 가야와 신라의 유물들에 등장한다. 다시 말하면 지중해 주변의 나라들에서 사용되던 문자가 고대 한반도 남부의 가야와 신라의 유물에서 나타나는 것이다. 고대에 우리나라와 서역문명과의 교류가 있었다고 하였는데, 그것의 결정적인 증거가 바로 이 기호(도부호)이다.

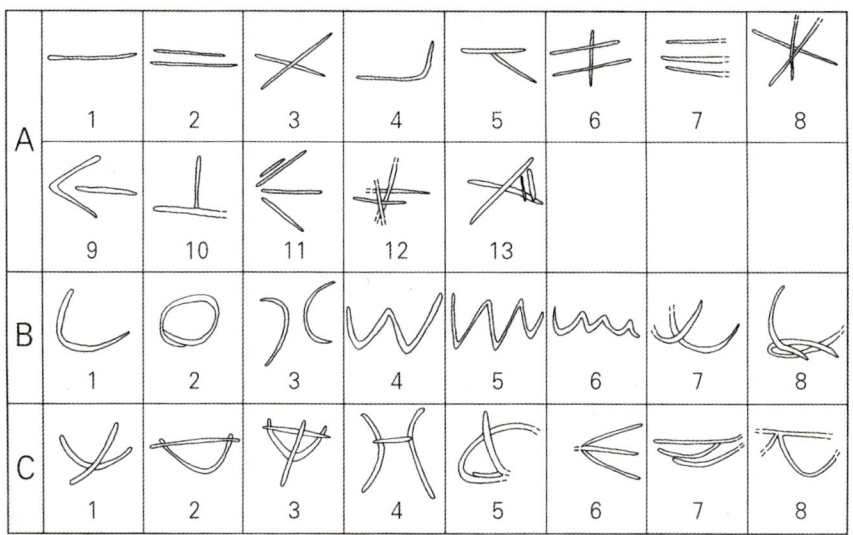

출처:국립김해박물관("함안 우거리 토기생산유적 학술보고서"(김해박물관, 2007)

7. 문자고고학

이제 가야어와 신라어가 히브리어라는 것과 가야토기의 도부호들이 이집트와 히브리-페니키아 지역의 문자임을 확인하기 위하여 세계의 문자(알파벳)와 그 역사를 알아 보려한다. 그러므로 이것을 문자의 고고학이라 할 수 있을 것이다.

아라가야의 도부호와 이집트 및 히브리-페니키아 문자를 각각 분류하고 대비해 보자. 국립김해박물관의 아라가야의 도부호는 어떤 방법과 과정으로 분류하였는지 잘 알 수 없으나 국립김해박물관의 학술보고서에는 이 토기의 방사선동위원소 분석과 지자기 분석에 의하여 토기들의 제작 시기는 2-4세기로 측정되었다.

이집트	원시시나이	페니키아	그리스(초기)	그리스	라틴
⊲	⊳	⊲	A	A	A
⬓	☐	⟩	⊲	B	B
˥	∟	⁊	⁊	Γ	G
𓀠	𓀡	⧻	⧻	E	E
⌒	𝈒	Y	⟩	K	K
～	～	⁊	⁊	M	M
⁊	⁊	⁊	⁊	N	N
👁	👁	⊙	⊙	O	O
𓁶	𓁷	⁊	⁊	P	R
✛	✛	×	T	T	T
𓎛	ω	W	⊊	⊰	S

간략하게 나타낸 알파벳의 발달과정(출처:네이버)

대체적으로 관련학계에서는 여러 정황을 분석하여 4세기경으로 추정한다(방사선동위원소 분석법이란 토기의 성분 중 탄소 c14번을 이용한 분석법이고 지자기분석법은 토기의 성분 중 자성을 띈 어떤 광물질이 토기의 제작 과정 중 굽는 과정에서 자성을 잃어버렸다가 토기가 식어서 굳고난 후 지구의 자기장에 의하여 다시 자성을 띄게 되는데 이러한 성질을 이용한 분석법이다).

이에 필자는 이 도부호들이 가나안(이스라엘)과 이집트 및 지중해변의 지역에서 사용하던 문자와 일치함을 알아내고 이러한 문자들과 아라가야의 도부호와 각각 대비하였다(몇몇의 부호는 원시나이 문자와 그리스.로마 숫자와 이집트의 상형 문자의 숫자로 보인다 또한 중국 한자의 숫자 一, 二, 三 과도 비슷해 보이는데, 인류의 문명발달 과정에서 문자는 그 지역의 차이에도 불구하고 서로 비슷하게 보이는 것이 많이 나타난다).

1) 문자의 역사

3000년 전 문자의 역사에는 커다란 지각변동이 있었다.
알파벳의 창조였다.
이것은 어느 날 갑자기 이루어진 일이 아니라 오랜 역사의 축적물이 만들어 낸 결과였다.
알파벳은 언어의 기본적인 음들을 표현해주는 한정된 체계라고 정의할 수 있다. 물론 이 음들을 통해 알파벳 사용자는 자신이 의도하는 바를 거의 다 표현할 수 있다. 알파벳이라는 단어는 그리스어 알파벳의 첫 두철자인 알파와 베타의 합성으로 이루어졌으며, 이 그리스어의 첫 두 철자는 셈어 철자인 알렙과 베트에서 빌려온 것이다.[36]

(1) 최초의 문명 – 수메르문명

인류는 이 땅에 탄생한 후 메소포타미아 지역에서 역사상 최초로 수메르문명을 일으켰다.
이 수메르문명은 설형 문자를 발달시켰고 그 이후, 이집트의 상형문자와 중국의 한자가 만들어진다. 이들 문자의 공통되는 특색은 이 문자들이 각각의 글자가 단어가 되기도 하고 음절이 되기도 한다는 것이다. 따라서 이들 문자를 읽으려면 상당히 많은 수의 기호나 한자를 알고 있어야 한다.
중국 한문을 이해하기 위해서는 적어도 1000개 이상의 한자(천자

---

[36] 마르크 알랭 우아크냉, 『알파벳의 신비』, 변광배·김용석 공역 (살림출판사, 2008), p. 19.

문)를 외워야 하고, 이집트의 경우는 수백 자의 상형 문자, 그리고 메소포타미아의 경우는 600여 개의 설형 문자를 배워야 한다. 하지만 알파벳은 이들 문자와 다르게 기능한다. 이 체계에서는 오로지 30개 정도의 기호만 알고 있으면 무엇이든지 글로 표현할 수 있다. 그러므로 알파벳이 발명되고 나서부터 사제 계급과 귀족의 특권층만의 문자가 아닌 진정한 대중의 문자로서 교육이 가능해지고[37] 이 결과로 각 개인이 존중받는 민주주의가 발달하였다고 말해진다.

수메르 어	의미 한글	그림 문자 (기원전 3000년경)	회전형	고체 (기원전 2500년경)	바빌로니아 설형 문자 (기원전 1800년경)	아시리아 설형 문자 (기원전 600년경)
kur	산					
sal	질/계집아이					
geme	여자 노예					
ninda	음식					
an	하늘/천국					
du	가다, 서있다					
sag	머리					
gud	황소					

설형 문자 기호의 기원과 발전(기원전 3000년경부터 기원전 600년경까지)[38]

---

37 Ibid., pp. 51-52.
38 스피븐 로저 피셔, 『문자의 역사』.

(2) 인류 최초의 문자

앞서 말했듯이 지금까지 알려진 가장 오래된 문자는 쐐기 문자(설형 문자)이다. 이 문자는 기원전 4000년에서 3000년 사이 메소포타미아 지역에 살던 수메르인들이 창안했다. 메소포타미아는 티그리스강과 유프라테스강 사이에 위치한 지역이다. 이 지역은 인간이 탄생한 장소라는 중요한 의미를 담고 있는 곳이기도 하다. 왜냐하면 성경에 나오는 에덴 동산, 곧 아담과 이브가 태어난 장소가 바로 그곳이기 때문이다. 히브리 전통에 따르면 지금으로부터 약 5800년 전 바로 그곳에서 우리 인류가 태어났다. 쐐기 문자라고 하는 단어는 이 문자에서 사용되는 기호들이 기본적으로 쐐기나 못의 형태이기 때문이다. 이러한 쐐기 문자는 수메르문명이 멸망 후 그 뒤를 이은 문명들에 의해서 계속 사용되어지지만, 그러나 이것은 서양 알파벳의 기원이 아니다.[39]

테베 카르나크 신전 벽에 새겨진 이집트 상형 문자(이집트 신성 문자)[40]

---

39 Ibid., p. 20.
40 조르주 장, 『문자의 역사』, 이종인 역 (시공사, 2003).

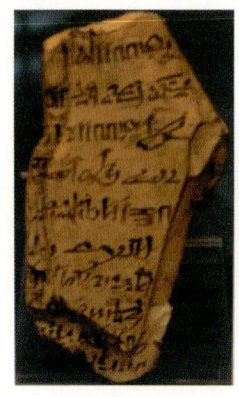 

신관 문자 　　　　　　　민중 문자

(3) 이집트 문자

이 문자의 특징적인 형태는 가장 오래된 상형 문자라는 점이다. 이 상형 문자는 원래 성스러운 의미를 지닌 기호들이었다(필자 주: 이런 까닭에 이를 신성 문자라 한다). 이러한 상형 문자는 이집트에서 사용되는 언어에만 사용되었다. 이집트에서 볼 수 있는 가장 오래된 상형 문자의 흔적은 기원전 3000년 무렵까지 거슬러 올라간다. 제3왕조 때부터 이 문자는 완벽한 형태를 갖추었고, 기원후 3세기 말까지 거의 변화가 없었다.

또 다른 이집트 문자가 존재한다. 이 문자의 모양은 일상적으로 사용했기 때문에 훨씬 더 자유롭게 갈겨쓴 형태이다. 그것이 바로 승용체 상형 문자이다. 이 승용체 상형 문자는 주로 사제들이 사용했던 것으로 알려져 있다. 그래서 이를 신관 문자라 부른다.[41]

이집트 상형 문자는 그 변화의 끝에서 훨씬 더 세련된 반면, 훨씬 더 간결한 형태를 취하게 된다. 이것이 이른바 민용체 상형 문자(민중

---

[41] 마르크 알랭 우아크냉, 『알파벳의 신비』, p. 27.

문자)이다. 그리고 기원전 305년 프톨레마이오스 왕조가 들어섰던 이 시기에 민용체 상형 문자(민중 문자)는 이집트의 문학과 행정에서 두루 사용되었다. 이 문자는 기원후 5세기까지도 계속 유지되었다.[42]

(4) 알파벳의 역사

다양한 문자들이 여러 지역과 여러 시기에 걸쳐 다양한 형태로 나타났지만 알파벳문자는 유일한 기원을 가지고 있는 것으로 보인다.

(5) 원시나이 문자(원시 시나이 문자 또는 시내산 문자)

이것은 아이러닉하게도 이미 사용되던 또 다른 문자체계인 이집트 상형 문자에서 비롯되었다. 이 새로운 알파벳은 시나이 반도의 세라비트 엘-카뎀이라는 지역의 터키옥(보석) 광산유물과 신전의 발견으로 발굴되었다(페트리의 발견-1905년 영국의 이집트학자 페트리는 신전의 유물과 문자들을 발견하고 그 제작시기를 기원전 16-15세기로 추정했다). 여기에서 '원시나이어'(필자 주: 원시 시나이어 문자 또는 시내산 문자)라는 이름이 유래했다. 이 새로운 알파벳은 또 하나의 셈어 문자(필자 주: 원셈 문자)로서, 아마도 이집트에서 거주하던 히브리족 노예들이나 셈족 노동자들의 문자를 표기하는데 사용된 것 같다.

---

[42] Ibid., p. 29.

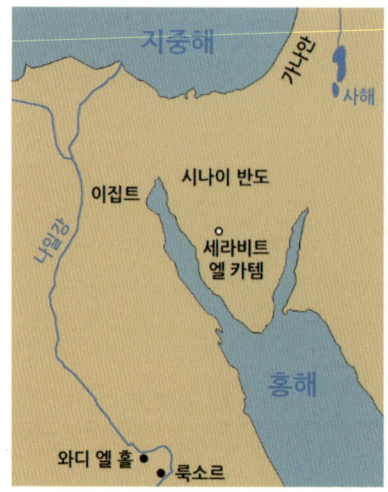 

1905년 패트리가 발견한 암소모양의 스핑크스 (여신상): 셈족의 문자가 새겨져 있다[43]
1916년 영국의 이집트학자 가디너가 이를 해석하였다.
그 이후 와디 엘홀에서 이보다 약 300년 전의 문자가 발견되었다.

    재구성된 이 알파벳은 자음 위주의 문자이다(필자 주: 모음이 없이 자음만으로 이루어진 문자이다).[44] 원시나이어 알파벳과 이 알파벳의 변화를 살펴보면서 우리는 계속해서 히브리-셈어 문자를 눈여겨 봐야한다.[45] 그이유는 이 알파벳이 셈어의 방언을 표기하는 데 사용되었기 때문이다.

    이 시기는 이집트에서 히브리족의 노예생활이 끝나던 시기와 일치하며, 또한 출애굽과 시나이 반도에서 히브리족이 신의 계시를 받았던 시기와도 일치한다(필자 주: 모세가 받은 십계명이 바로 이 문자로 기록되었을 것으로 추측한다).

    세라비트 엘- 카뎀의 터키옥(보석) 광산에서 일하던 노동자들은 그

---

43 미레유 하다스 르벨, 『히브리 민족』, 변지현 역 (시공사, 2000),
44 Ibid., p. 8.
45 Ibid., p. 48.

들끼리 이 방언을 사용했을 것이다. 이 방언은 분명 히브리어나 이 언어에 아주 가까운 언어의 하나였을 것이다. 따라서 히브리어에 대한 언어학적 연구를 통해 고고학자들은 다음과 같은 가정을 세우면서 이 알파벳을 해독했다. 곧 각각의 글자 형상을 통해 나타내는 음은 여러 대상들을 지칭하는 히브리어 첫 글자의 음가와 동일하다는 것이다(필자 주: 이를 두음서법 원리라 한다). 예컨대 히브리어로 'bet'라고 발음되는 '집'을 나타내는 그림에서 'b'의 음가가 도출된다. 히브리어 'gamal'로 발음되는 '낙타'나 '낙타의 등'을 나타내는 그림에서 'g'의 음가가 도출된다. 'dalet'이라고 발음되는 '문'(門)의 그림에서 'd'의 음가로 도출된다. 이러한 해석의 가장 뚜렷한 예는 오늘날까지 히브리어 철자의 이름들에 원시나이어 비문들에서 발견된 형태를 그대로 갖고 있다는 점이다.

　예컨대 오늘날 황소, 집, 낙타, 문 등이 각각 aleph, bet, guimel, dalet 등의 철자로 표기되고 있다. 바로 이 철자들이 가나안어에서 그리고 그 뒤의 그리스어에서 약간 변형된 형태로 알파alpha, 베타beta, 감마gamma, 델타delta 등의 형태로 다시 발전하게 된다. 즉 문자가 수메르에서 생겼다고 말하는 것이 옳다면 알파벳은 시나이에서 태어났다고 할 수 있다.[46]

46　Ibid., p. 48.

원시나이 문자	이집트 문자		원시나이 문자	이집트 문자	
ㅇ ㅇ	ㅇ	황소	∿∿	∼∼∼	물
ㅁ ㅁ	ㅁ	집	~ ~	∽	뱀
	ㄴ	던지는 막대기(?)	◉ ◉	◉	눈
		생선		?	
	?			?	
		두 손을 든 사람		?	
				?	
		망치 또는 노			
		문			머리
		엮은 아마			연꽃이 핀 연못
		손		?	
		손바닥	+	+	십자가 모양의 판자
		갈고리(?)			

이집트 문자를 차용한 원시나이어 문자[47]

---

47 마르크 알랭 우아크냉, 『알파벳의 신비』.

2) 문자의 혁명

이처럼 시나이 반도와 그 주변 지역의 셈족은 이집트인의 상형 문자를 차용하여 '단 하나의 음소에 단 하나의 기호'를 부여하는 방식의 문자를 발명하였다.[48]

이것은 시나이 반도와 가나안 지역 등으로 전파되었고, 유연성과 경제성의 측면에서 문자의 혁명을 일으켰다. 이제 사람들은 수백 개의 기호를 익힐 필요가 없었다. 모든 언어의 자음 음소를 전달하는 데는 보통 30개 이하의 글자들이 필요했을 뿐이다.

이러한 혁신적인 방법은 급속도로 널리 전파되었고, 지리학적으로, 그리고 언어학적으로 다양한 발전을 가져왔다. 페니키아 인은 아람 문자의 탄생에 영향을 주었고, 아람 문자는 남아시아와 동남아시아의 수백 가지 서체의 밑바탕이 되다. 아울러 아람 문자는 몽골 문자와 만주국의 문자에도 영향을 주었다.[49]

그러나 무엇보다 중요한 것은 페니키아 인에게 영감을 받은 그리스인은 자음 알파벳을 차용한 뒤 이것을 멋지게 개량하여 모음을 사용하는 완전한 알파벳을 만들었다는 것이다.

그 차용 시기에 관해서는 확실치 않지만 기원전 1000년에서 900년 사이에 키프로스의 그리스 인이 페니키아의 알파벳 문자 개념을 차용하고, 기원전 850년경부터 775년경까지 알파벳 문자는 에게 해의

---

48 Ibid., p. 96.
49 스피븐 로저 피셔, 『문자의 역사』, p.159.

그리스 인에게 널리 퍼졌다.[50]

즉, 셈어 계통 언어의 음운조직은 그리스어의 음운조직과 큰 차이가 있었다. 모든 페니키아 단어는 자음으로 시작하지만, 그리스어 단어는 상당수가 모음으로 시작한다. 따라서 고대 페니키아어의 성문음 '알레프'는 그리스어 A, 즉 알파가 되었다. 고대 페니키아어 '헤'는 그리스어 E가 되었고 '아인'은 그리스어 O가 되었다.[51] 이와 같이 그리스인은 모음과 자음을 똑같이 취급하여 사용하였다.[52]

그리하여 페니키아 문자를 약간의 수정을 하여 결과적으로 지구상의 모든 언어를 전달할 수 있는 혁신적인 문자를 개발한 셈이었다. 이렇게 볼 때 그리스 인은 주어진 한계 내에서 알파벳 문자를 완성했다. 그런 까닭에 그리스 인은 각 기호에 대한 고대 페니키아식 명사 알레프, 베트, 기멜, 달레트 등과 그것의 전통적인 셈어 계통 순서도 받아들였다. 그리고 기호의 발음은 알파, 베타, 감마, 델타 같은 그리스 식으로 따랐다.[53]

이제, 그리스 알파벳은 그리스의 군사적, 경제적, 문화적 영향에 힘입어 완전한 알파벳의 원형이 되었다.[54]

그리스 알파벳은 결국 라틴 알파벳과 키릴 알파벳을 통해 세계 곳곳으로 전파되었다.

---

50 Ibid., p. 161.
51 Ibid., p. 165.
52 Ibid., p. 159.
53 Ibid., p. 162.
54 Ibid., p. 170.

제1부 언어학적 고찰

페니키아 알파벳 (기원전 1000~900년경)	크레타 알파벳 (기원전 750년경)	아테네 알파벳 (기원전 700년경)	이오니아 알파벳 (기원전 400년경)	이름/음가
𐤀 알레프 ʼālep/ʔ/	A	∀	A	알파 alpha/a, ā/
𐤁 베트 bēt/b/	ꟼ	없음	B	베타 bēta/b/
𐤂 기멜 gīmel/g/	∧	없음	Γ	감마 gamma/g/
𐤃 달레트 dālet/d/	Δ	없음	Δ	델타 delta/d/
𐤄 헤 hē/h/	∃	Ⅎ	E	엡실론 epsilon/ɛ/
𐤅 바브 wāw/w/	ꟼ	없음	없음	디감마 digamma/w/
𐤆 자인 zayin/a/	I	I	I	제타 zēta/z/
𐤇 헤트 ḥēt/h/	𐤇	𐤇	H	에타 ēta/ǣ/
𐤈 테트 ṭēt/t/	⊗	없음	Θ	세타 thēta/tʰ/
𐤉 요드 yōd/j/	ᛋ	⟨	I	요타 iōta/i, ī/
𐤊 카프 kāp/k/	ꓘ	ꓘ	K	카파 kappa/k/
𐤋 라메드 lāmed/l/	∧	ꓶ	Λ	람다 lambda/l/
𐤌 멤 mēm/m/	ꟽ	M	M	뮤, 뮈 mu/m/
𐤍 눈 nūn/n/	𐤍	𐤍	N	뉴, 뉘 nu/n/
𐤎 사메크 şāmek/ş/	없음	없음	Ξ	크시 xi/ks/
𐤏 아인 ʻayin/ʕ/	⊙	O	O	오미크론 omikron/o/
𐤐 페 pē/p/	ꟼ	ꟼ	Γ	피 pi/p/
𐤑 차데 çādē/sˁ/	M	없음	없음	산 (san/s/)
𐤒 코프 qōp/kʷ/	Φ	없음	없음	코파 (qoppa/k/)
𐤓 레스 rēš/r/	ꟼ	ꟼ	P	로 rhō/r/
𐤔 신 šīn/ś, š/	없음	Ƨ	Σ	시그마 sigma/s/
𐤕 타우 tāw/t/	T	T	T	타우 tau/t/
	Y	Y	Y	윕실론 upsilon/y, ȳ/
			Φ	피 phi/pʰ/
		X	X	키 chi/kʰ/
			Ψ	프시 psi/ps/
			Ω	오메가 ōmega/ɔ/

페니키아문자와 이를 차용한 그리스문자들(여러가지 변이형이 보인다)[55]

---

[55] Ibid.

음가	메사피어 ⇨	시켈어 ⇨	피세니아어 ⇨	노빌라라어 ⇦	오스크어 ⇦	움브리아어 ⇦*
a	A A	A A	A ΛΛ	A	A	A A
b	B	B	B ?	B	B	B
g=c	Γ	<	<	))	>	
d	D D △	D D △	R	Я	Я R	P 닉(ŕ)
e	E E	E E E	F E E E	Ⅎ	Ⅎ	Ⅎ E
v(digamma)	F F C	C C	C	ꓞ	ꓞ	ꓞ
z :디감마 25)	I	I	I I		I	ꓕ ꓕ
h	H H	H	ꓭ D H ꓭ		H	◊
θ	⊙		⊠ ?	⊗		⊙
i	l	l	l ꓤ F	l	l	l
k	K K	K	K K C	ꓘ	ꓘ	ꓘ
l	∧	Γ	L L1	J	J	J
m	MM	M	W	m	m	mʌm
n	N M	M	N M	Y	H	HM
s(samék)	+ ×		田 ?			
o :사메크	O	O	◊	O		
p	Γ Γ	Γ	ΓΠΓ⅃	ꓶ	⊓	ꓶ
s(san ou şadi) :산 또는 사디	Ƴ ?		MM	M ?		M
q	ꟼ ꟼ			q		
r	P P P P	P	P b b	ꓷ D	D	D
s	Ƨ Ƨ Ƨ	Ƨ Ƨ Ƨ Ƨ Ƨ	Ƨ	M ?	ꓢ	Ƨ Ƨ
t	T T	T T T	T 1	X T T T	T	× Y
u		∧	ΛΛΛ	ꓦ ?	V	V
χ	X(: K?)					
f			⊄ 8		8 8	8
h?	Ψ Ψ ꓞ					
ù					V	
t?	Ψ					d (: δ)

이탈리아의 여러 지역에서 사용하던 문자들[56]

---

[56] 스티븐 로저 피셔, 『문자의 역사』.

제1부 언어학적 고찰 67

이탈리아의 여러 지역에서 사용하던 언어들[57]

---

[57] 마르크 알랭 우아크냉, 『알파벳의 신비』, p. 67.

아라가야의 도부호는 이탈리아 여러지역에서 사용되던 문자 A, C, D, H, I, K, L, M, O, P, Q, R, S, T, U, X, Z와 동일한 형태를 띄고 있다.

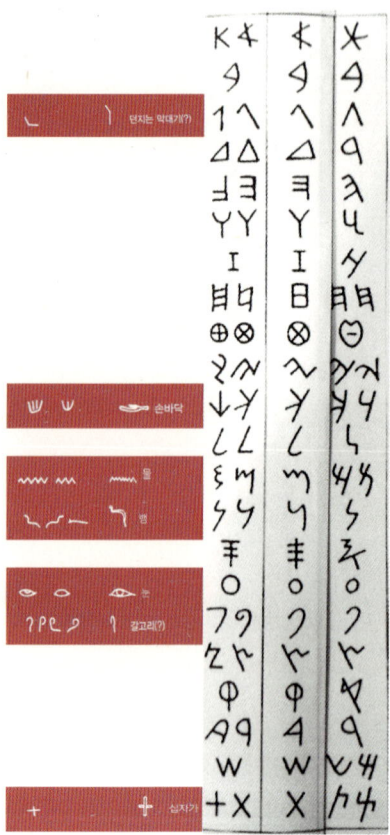

원시나이 문자와 히브리-페니키아 문자

원시나이어 중 위의 문자(왼쪽 붉은색)는 아라가야 도부호와 같은 형태를 띄고 있다.

제1부 언어학적 고찰   69

명칭	음개[발음]	기원전 15세기	기원전 10세기 ~기원전 5세기	가야도부호		추가로 발견된 고대문자
aleph	ʼ	K∢	∢	⊀	⊁ ✴	⊀
beth	b	⌐	⌐	⌐	⌐	∧
gimel	g	⌐	∧	∧	⌐	
daleth	d	△	△	△	⌐	
he	h	⌐ヨ	⌐ㅋ	ヨ	⌐	ㅋㄴ
waw	w	Y	Y	Y	Y	ㄴ
zain	z	I	I	⌐	⌐	
beth	h	苗	B	日		
teth	t	⊕⊗	⊗	⊖		
yod	y	⌐	⌐	⌐		
kaph	k	↓	⌐	⌐	⌐ ⌐	
lamed	l	L	L	L	⌐L	
mem	m	⌐	⌐	⌐	⌐	
nun	n	⌐	⌐	⌐		
samek	s	∓	∓	⌐	⌐	
ayn	ʻ	O	O	O	⌐	○
pe	p	⌐	⌐	⌐		원시 시나이문자
sade	s	⌐	⌐	⌐		
qoph	q	Φ	Φ	Φ	⌐	
res	r	Я⌐	Я	Я	⌐	
sin	s	W	W	W	W ⌐	
taw	t	+X	X	⌐	X T	

고대 이집트 숫자 | | |||

히브리-페니키아 문자와(기원전 1300년경부터 기원전 400까지의 문자의 변천과
이에 대응하는 가야의 도부호 오른쪽)

이집트	원시나이어	페니키아	그리스(초기)	그리스	라틴
ox	ox	＜	A	A	A
□	□	⅃	⊲	B	B
╮	⌒	ㄱ	ㄱ	Γ	G
人	人	ㅋ	ㅋ	E	E
⌒	〰	Y	⅄	K	K
〰	〰	ㄱ	ㄱ	M	M
〜	〜	ㄱ	ㄱ	N	N
👁	👁	⊙	⊙	O	O
𓂀	𓂀	ㄱ	ㄱ	P	R
✝	✝	×	T	T	T
⌒⌒⌒	ω	W	⌇	Ɛ	S

원시나이어 문자와 히브리-페니키아 문자들과 서양알파벳
(기원전 1800년경부터 기원전 400년까지의 문자의 변천)
아라가야 도부호와 같은 형태를 띄고 있는 문자들
(둥근 원으로 표시된 문자들)

알파벳의 전파[58]

이제 종합하여 아라가야의 토기부호와 페니키아 문자를 비교해 보자. 아라가야의 토기부호는 대부분 고대 페니키아의 문자들과 형태가 동일하다. 이 문자들은 기원전 13-12세기부터 기원 전후의 문자들의 변이형으로 대부분 구성되어 있다.

몇 가지의 원시나이 문자와 그리스와 라틴(로마) 알파벳도 나타난다.

그런데 국립김해박물관에서 발간한 학술자료에서는 토기의 제작 시기가 기원후 2-4세기 무렵으로 측정되어있다.[59]

토기제작자들이 자신만의 표식으로서 새겨넣은 것이라 생각하면 아마도 문자의 사용 시기에 관계없이 기록한 것 같다. 또는 연대측정을 위하여 시료를 채취한 장소와 위치의 차이일 수 있다. 이것에 관해서는

---

58 미야자키 마사카쓰, 『지도로 보는 세계사』, 노은주 역 (이다미디어, 2005).
59 "함안 우거리 토기생산유적 학술보고서"(김해박물관, 2007).

좀더 연구가 필요할 것 같다.

또 한편 당시의 토기제작자들이 여러 가지 문자를 구사할 수 있었던 것을 보면 상당한 지식층 계급이었던 것으로 간주된다. 고대의 이집트와 메소포타미아 지역에서는 약 1%정도의 엘리트층만 문자를 해독하여 사용할 수 있었다고 한다.[60]

8. 지중해 세계의 발전과 페니키아

페니키아는 오늘날의 레바논 지역으로 지중해 동안을 가리키는 고대 지명이다. 지중해는 이집트와 메소포타미아와 그리스·로마 등의 유럽 대륙의 사이에 있는 세계 최대의 '내해'이다. 발달한 고대의 두 문명과 인접해 있고, 주변에는 반사막 지대와 산악으로 막혀 있어 바다로 진출할 수밖에 없는 까닭에 고도의 해양문명을 출현시켰다. 이의 중심 지역으로는 베리투스(오늘날의 베이루트), 티레(Tyre), 시돈(Sidon), 비블로스(Byblos) 등의 도시국가이다. 이들은 지중해를 통한 해상무역에 종사하며, 기원전 1200년경 동지중해 연안과 에게 해의 연안을 장악했다. 이들은 지중해, 아프리카, 아시아를 잇는 중개무역과 여러 가지 특산품의 수출로서 유명했다.

레바논의 특산품은 재질이 단단하고 좋은 향기가 나는 소나무 과의 '레바논 삼나무(백향목)'였다. 그런 까닭에 기후가 건조해 삼림자원

---

[60] 더글라스 A. 나이트 편집, 『고대 이스라엘 문화』, 임미영 역 (CLC, 2014). p. 398.

이 부족한 이집트와 메소포타미아 지역에 신전과 궁전을 짓기 위한 자재로 레바논 삼나무(백향목) 목재가 지중해 주변의 국가들에 대량으로 수출되었다.[61]

성경에도 다윗왕과 솔로몬왕의 시대에 궁전과 성전을 지을 때 이곳의 목재를 운반하여 사용하고 그 대가로 식량과 기름 등을 제공하며 또, 일부 토지를 떼어주는 이야기가 나온다(왕상 9:10, 대하 2장). 현재 레바논에는 남벌로 말미암아 고목이 사라져 레바논 산맥에만 조금 남아 있지만 현재 레바논을 상징하는 국기에는 레바논 삼나무(백향목)가 여전히 그려져 있다.

레바논의 백향목[62]

---

61 미야자키 마사카쓰, 『지도로 보는 세계사』, p. 51.
62 더글라스 A. 나이트 편집, 『고대 이스라엘 문화』.

백향목(레바논 삼나무)이 그려진 레바논 국기

'바이블'의 어원은 페니키아의 비블로스 항이다.

레바논 지방에서 가장 오래된 항구는 비블로스(현재 주바일)였다. 비블로스는 그리스어로 '작은 언덕'이라는 뜻이며 페니키아인의 주신이며 풍요의 신인 '바알이 세운 마을'이라는 의미를 가지고 있다. 최초의 피라미드가 건설되었던 기원전 27세기에 이집트가 이 항구에서 목재를 구매했다는 사실이 밝혀져 있다. 즉, 기원전 12세기까지 비블로스는 지중해 동안에서 가장 번영한 항구였던 것이다.

비블로스는 이집트에 대량으로 목재를 수출했고, 이집트에서 수입한 '파피루스' 등의 물품을 지중해 각지로 수출했다(필자 주: 당시에는 종이를 만들지 못했고 이집트는 이것의 생산을 독점하였다). 이집트에서 생산한 파피루스는 아주 인기가 높았고 비쌌다. 이 때문에 이것을 수입하는 그리스인들은 '파피루스'를 이 항구의 지명에서 따와 '비블로스'라고 불렀다. 뿐만 아니라 성경 '바이블'과 '책'(book)의 어원도 '비블로스'이다.[63]

---

[63] 미야자키 마사카쓰, 『지도로 보는 세계사』, 노은주 역 (이다미디어, 2005).

제1부 언어학적 고찰   75

페니키아와 헤브라이(출처: 네이버)

뮤렉스 고동과 자주색 옷감의 재료(출처: 김성, 『성서고고학 이야기』)

또한, 현대 영어의 paper(종이)도 이렇게 전해진 '파피루스'가 어원이라고 한다.

페니키아인은 석영, 모래를 원료로 하여 유리를 발명하고 유리산업을 발달시켰으며 뮤렉스라고 하는 소라(고동) 종류의 내장을 끓여 그 체액을 원료로 사용하여 자주색 염료와 모직물을 제조했는데, 이집트를 비롯한 각지에서 이 푸른 빛을 띠는 자줏색 옷감을 가장 고귀한 천으로 여기며 귀하게 생각했다. 이런 까닭에 왕과 귀족만이 자줏빛 옷감을 사용할 수 있었다(신라도 처음에는 성골과 진골의 왕족 계급만이 자주색 관복을 입었다).

페니키아와 가나안이라는 지명도 자주색 염료를 뜻하는 '페니크'가 그 어원이라고 한다. 이것을 그리스인들은 '포에니크'라고 발음했다. 훗날 페니키아는 지중해의 세력권 다툼에서 로마와 격돌하게 되는데 페니키아가 건설한 식민지인 카르타고의 한니발 장군이 뛰어난 명장으로 유명하며 이 전쟁을 두고 서양사에서는 '포에니 전쟁'이라 부른다.

9. 아, 처용! 그리고 신라의 쇠망(衰亡)

필자가 살고 있는 울산은 한반도에서 해가 가장 일찍 뜨는 곳이다. 처용설화는 유라시아 대륙의 동쪽 끝에서 드넓은 바다를 바라보고 있는 곳인 울산의 대표적인 설화이다. 울산은 신라시대에도 신라의 대외 관문으로서 가장 큰 항구였다. 오늘날에도 울산 앞바다에는 대규모 항만시설과 공단이 펼쳐져 있다. 매년 울산에서는 처용을 기념하는 축제와 문화행사가 열리고 있다.

『삼국유사』에 의하면 헌강왕이 개운포(지금의 울산광역시 울주)에 나가 놀다가 이제 돌아가려 했다. 낮에 물가에서 쉬는데 갑자기 구름과 안개가 자욱해져 길을 잃게 되었다. 왕은 괴이하게 여겨 좌우에게 물으니 일관이 아뢰었다.

"이것은 동해 용의 조화이오니 마땅히 좋은 일을 행하시어 이를 풀어야 될 것입니다."

이에 유사에게 칙명을 내려 용을 위해 그 근처에 절을 세우도록 했다. 왕령이 내려지자 구름이 개이고 안개가 흩어졌다. 이로 말미암아 개운포라고 이름하였다. 동해의 용은 기뻐하여 이에 일곱 아들을 거느리고 왕 앞에 나타나 왕의 덕을 찬양하여 춤을 추며 풍악을 연주하였다. 그 중 한 아들이 왕의 수레를 따라 서울로 들어와 정사를 도왔는데 이름은 처용이라 하였다.

왕이 아름다운 여인을 처용에게 아내로 주어 그의 마음을 잡아두려 하였고, 급간의 벼슬을 내렸다. 그 아내가 매우 아름다워 역신(전염병 귀신)이 그녀를 흠모해 사람으로 변하여 밤에 그 집에 가서 몰래 함께 잤다. 처용이 밖에서 집에 돌아와 잠자리에 두 사람이 있는 것을 보고, 이에 노래를 부르고 춤을 추며 물러났다. 노래는 이렇다.

동경
밝은 달에
밤들어 노니다가
집에 들어와 자리를 보니
다리가 넷이러라

둘은 내 것이고
둘은 뉘 것인고
본디는 내 것이다마는
앗은 것을 어찌할꼬

이때에 역신이 형체를 드러내어 처용 앞에 무릎을 꿇고 말하였다.

"제가 공의 아내를 탐내어 지금 그녀를 범했습니다. 공이 이를 보고도 노여움을 나타내지 않으니 감동하여 아름답게 여기는 바입니다. 맹세코 지금 이후로는 공의 형용을 그린 것만 보아도 그 문에 들어가지 않겠습니다."

이로 인해 나라 사람들이 처용의 형상을 문에 붙여서 사귀를 물리치고 경사를 맞아들이게 되었다.

처용가는 오늘날까지도 여타의 전통 가요에 비해 풍부한 기록을 남기고 있다. 처음 기록은 신라의 노래인 향가로 일연의 『삼국유사』에 향찰로 그 노랫말이 적혀 있으며, 그 외 고려시대의 속요로도 전한다. 고려속요들의 가사는 훈민정음 창제 이후 가사집과 악보, 의례집 등에 한글로 기록됐는데, '처용가'는 속악가사집인 『악장가사』와 의례집인 『악학궤범』에 모두 노랫말이 전한다. 뿐만 아니라 『고려사』 '속악' 부분에도 처용에 대한 기록이 있다.

조선시대 궁중의 의식 절차를 집대성한 악서인 『악학궤범』에는 처용의 가면부터 의상, 춤 동작, 노래말 등 처용무와 관련한 모든 기록들이 글과 그림으로 자세하게 담겨있다. 이렇게 처용의 노래와 춤은 오늘날까지 그 원형이 잘 보존돼 지난 2009년에는 유네스코의 '인류무형문화유산'에 '처용무'가 등재되면서 세계가 지키고 보존해야 할 문

화유산으로서의 가치를 인정받기도 했다.[64]

처용은 누구였을까?

처용이 처음 모습을 나타낸 울산은 당시 경주의 주요 문호 중 하나로 신라 최대 국제무역항이었다. 처용의 용모는 이렇게 전해온다.

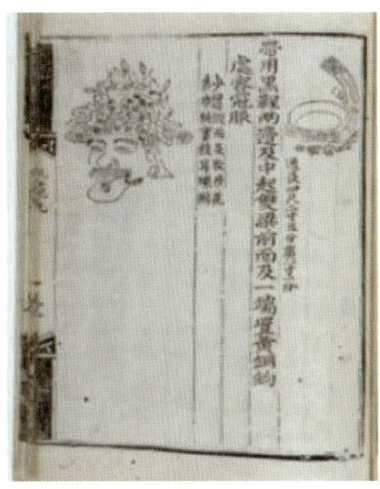
악학궤범의 처용상

경주 괘릉의 무인석상(출처: 네이버)

모양이 무섭고 차림이 괴이하며(『삼국사기』헌강왕 5년조),
무성한 눈썹,
우그러진 귀,
붉은 얼굴,
우뚝 솟은 코,
튀어나온 턱(『악학궤범』 처용가)

---

[64] 울산대학교 국어국문학부 노경희 교수 (「울산 매일신문」)

이런 것 등이다. 마치 괘릉의 무인석과도 닮았다. 그래서 사람들은 처용을 서역인이라고 생각한다(KBS 역사스페셜).

(처용무-출처:Newsis)

히브리 대제사장의 복장(출처: 네이버)

처용의 탈을 보면, 그 모습이 우리나라 사람의 모습이 아니다.

과연 처용은 누구였을까?

고려를 거쳐서 조선시대를 거쳐서 대한민국의 시대 현재까지도 우리는 처용을 이야기한다.

그 엄격했던 유교사회인 조선시대에도 (사뭇 외설적인 내용임에도 불구하고) 그것을 배척하지 않고 오히려 궁중에서까지 노래와 춤을 즐겼던 것은 어떻게 해석해야할까?

처용의 신분에 관해서 지방 호족의 자녀이다 혹은 병을 고치는 무당이다 혹은 아랍상인이다 등의 많은 이야기가 있지만, 필자는 그가 이스라엘 출신의 제사장이라고 단언한다. 왜냐하면 그 복장의 색깔을 보면 구약성경에 나오는 히브리 대제사장의 복장과 유사하다. 다섯 명이 골고루 색깔별로 나눈 것 같다(다시 말하면 다섯 명의 옷을 합치면 히브리 대제사장의 복장이 된다). 그리고 그 가슴에 모두 동일하게 패를 단 모양을 하고 있다. 이것은 다른 어느 춤의 복장에서도 볼 수 없다. 이것은 히브리 대제사장의 흉패의 형상이고 이스라엘의 열두 지파를 의미한다. 또한 그들이 입고 추는 처용무를 살펴보자.

처용무는 현재 다섯 명이 함께 춤을 추는데, 고려시대 때에는 한 명이었다고 한다. 조선조에 와서 다섯 명이 되었다고 한다. 그래서 오방무라 한다. 그리고 그 춤사위는 여느 춤과는 달리 그 동작이 아주 느리다. 어쩌면 움직임이 아주 없다시피 하다. 그리고 그 느린 동작 가운데서도, 한 순간 두 팔을 힘껏 내저으며 하얀 한삼(기다란 소매깃)을 뿌린다.

그것은 무엇을 의미할까?

그것은 치유(Healing)고 순백의 정결이고, 정화를 의미한다. 히브리

제사장들은 그 직무가 제사였다. 그 제사는 인간의 죄악을 신께 용서받는 방법이고 신을 찾는 행위이다. 그래서 그들은 피를 뿌리며 제사를 지내고, 병을 진단하고 치유를 기원한다. 의학이 발달하지 못했던 시대에는 일반 무당도 그러했다. 하지만 처용은 헌강왕을 따라와서 고위 벼슬을 하며 왕을 모셨다. 그가 밤늦게 돌아다닌 이유는 여유를 부리며 유희를 즐긴 것이 아니다. 병자와 고통당하는 이들을 위하여 바삐 활동했던 것이다. 그가 피곤한 몸으로 밤늦게 집으로 돌아왔을 때, 그의 눈앞에는 참담하고 어처구니 없는 모습이 펼쳐져 있었다. 그러나 그는 분노하지 않고 조용히 물러나 노래하며 춤을 춘다. 이때 그는 '본디 내 것 이다만 빼앗긴 것을 어찌하리'라고 노래한다. 체념과 안타까움이 절절이 스며있다. 처용의 이름은 아무도 그 뜻을 모른다. 국문학자 고(故) 양주동 박사에 의하면 '처'의 발음이 당시에는 '치'였다고 한다. 그러면 '치용'이라는 말이다. 우리나라 사람들은 출신지 이름을 자신의 이름으로 하는 경우가 많다. 우리 주위에도 자기 출신 고향 이름을 따서 자신의 아호로 삼은 사람을 많이 볼 수 있다.

즉 처용은 치용 출신이라는 말이다!

그러면 치용은 어디일까?

당시 우리의 고유문자가 없는 까닭에 한자의 음을 빌려서 기록했다 (이두). 치용은 현재의 이스라엘, 시온이다. 시온은 라틴(서양)의 발음이고 본래 히브리 발음은 치온(Chiyon, ציון)이다. 치온(시온)출신의 제사장 처용은 본래 자신의 나라인 신라가 패망의 직전에 이르고 자신들이 세우고 이루어 온 영광과 영화가 모두 사라진 것에 대한 슬픔과 탄식으로 가득차서 노래한 것이다. 깊은 복선과 암시가 깔려있는 것이다.

고대 시가에 나타나는 '아으 다롱 디리'라는 후렴구는 뜻이 없는 것으로 생각하여 생략하는데, 히브리어 '다롱 디리'(dalong dili, לד)는 '힘이 달리고 (내 처지가) 미약하여 어쩔 수 없구나'라는 뜻이다. 현재도 경상도 지방에서는 힘이 없거나 부족할 때 '힘이 달린다'라고 말하며 '달랑 동전 한닢 밖에 없구나'라고 할 때 '달랑'이란 말은 가치가 없고 무의미하다는 의미로 사용한다.

  이 후렴구는 신라와 고려의 노래들에 많이 나타난다(반대로 '아으 동동다리'는 너무 좋아 어쩔 수 없구나, 너무 좋구나라는 뜻이다. 히브리어 도드 [dod, דוד]는 좋다, 즐겁다, 사랑스럽다라는 뜻이다). 이렇게 해석을 하는 것은 헌강왕조에 기록된 다음의 내용으로 봐서도 그렇다.

> (왕이) 또 포석정에 행차했을 때 남산신이 임금의 앞에 나타나서 춤을 추었는데 좌우의 신하들은 보지 못하고 왕이 홀로 보았다. 어떤 사람신이 앞에 나타나 춤을 추니 왕 스스로가 춤을 추어 그 모양을 보였다. (중략) 또 왕이 금강령에 이르렀을 때에 북악신이 춤을 추어보였는데 그 춤이름이 **옥도금**(玉刀鈐)이었다. (중략)
>
> 『어법집』에서 이르기를, "그때 산신이 춤을 추고 노래를 불르며 **지리다도파도파**라고 하였다"고 한 것은 당시 지혜로 나라를 다스리는 사람이 사태를 미리 알고 다 도망했으므로 도읍이 장차 파괴된다는 것을 말함이다. 곧 지신과 산신은 나라가 장차 멸망할 것을 알았으므로 춤을 추어 그것을 경계했던 것인데 나라 사람들은 이를 깨닫지 못하고 상서로운 것으로 생각하여 향락에 너무 심하게 빠졌기 때문에 나라가 마침내 망하였다.

헌강왕 당시 이미 신라의 망국의 조짐이 보였다는 것이다. 남산의 신이 나타나서 왕에게 '지리다도파도파'하며 춤을 추었다고 하는데, 『삼국사기』에는 4명의 기괴한 사람이 나타났다고 하였다.

'지리다도파'(智理多都破)는 일연이 해석하기를 지혜로운 사람이 다 도망하여 도읍이 파괴된다라고 해석하였으나, 이것은 국가의 멸망을 경계한 말(예언)로서, 지리는 히브리어 첼라(chella, צלע)를 표기한 것이고, 이것은 멸망, 파멸이라는 뜻이다. 다도파는 함달파(탈해의 출신국)와 동일하며, 도파, 달파는 히브리어 티파라(tipharah, תפארה)를 표기한 것으로, 이것은 영광, 영화를 말한다. 다도파에서 다(多)는 크다, 많다 의 한자 표기이고, 함달파에서 함은 역시 크다, 많다의 히브리어의 표기이다. 이것은 히브리인의 조상 아브라함의 이름에도 나타나며, 바벨론 왕 함무라비에서도 볼 수 있다.

또한, 이것은 우리 한국어의 크다, 많다는 뜻을 지닌 '한'을 말한다. 이 '한'은 한 길(큰 길), 한가위(큰 명절. 추석) 등에서도 나타난다.

다파나국(國)은 '영광의 나라'라는 뜻이다. 그러므로 남산신(또는 4명의 기괴한 사람)은 큰 영광, 영화로운 나라(신라)가 멸망한다는 것을 애타게 왕에게 고하고 있는 것이다.

또한, 북악의 신이 추었다는 '옥도금'이라는 춤은 무엇일까?

히브리어 오드카(Oddkah, ערך)는 '다시 일어서다, 계속 일어나다, 보존하다'이다. 그러므로 이것은 '다시 나라를 세워라, 영광의 나라를 보존하라'는 말이다. 이 오드카라는 말이 현대 우리말의 '오뚜기'의 어원인 것이다. 처용무를 살펴보면 앉았다 일어섰다 하는 동작이 여러차례 보인다. 아마도 과거에는 이 동작이 훨씬 격렬하였을 것이다. (말이 통하지 않아서였을까?) 오뚜기처럼 다시 일어나 나라를 세우라는 말이다.

우리가 알지 못했던 처용무의 춤사위 하나하나가 이런 절실한 의미가 담겨져 있는 것이다.

　헌강왕 당시 신라의 서울, 서라벌에는 밥을 지을 때 모두 숯을 사용하여 도시에 연기가 나지 않았다고 한다. 이것을 풍요의 상징으로 기록하였으나 이 또한 사치이고 망국의 표상이다. 숯에서 얻을 수 있는 열량은 목재보다도 1/10밖에 되지 않는다고 한다. 그만큼 목재의 소비량이 많다는 것이다. 이 숯을 생산하기 위하여 많은 백성의 고통과 노력이 뒤따라야 했을 것이고 나무에서 얻을 수 있는 많은 임산물(도토리 따위의 나무열매와 나물종류와 버섯 등 식량으로 사용할 수 있는 대체식품들)을 무의미하게 허비하게 되는 것이다. 숲이 사라진 땅은 홍수와 산사태와 가뭄에 쉽게 노출된다.

　『삼국사기』와『삼국유사』에는 기록되어 있지 않으나 에밀레종의 설화가 전해져 온다.

　성덕대왕 신종(일명 에밀레종)을 만들 때 아이를 산 채로 집어넣어 종을 완성했다고 한다. 실제로 종을 만들 때 그러하지는 않았을 것이다. 왜냐하면 금속에 불순물이 들어가면 금이 가서 안 된다고 한다. 실제 최근의 성분조사 결과 인골성분(인)은 전혀 발견되지 않았다 한다. 성덕대왕 신종은 종소리를 들을 때 마다 여러 가지 번뇌(괴로움)가 없어지고 복이 오기를 기원하며 만들었다고 한다.

　그런데 그 종을 제작할 때(제작 기간이 20년이 걸렸다) 엄청난 국가적 노력과 무수한 자재와 수많은 백성의 피땀 어린 노고가 들어갔을 것이다. 그래서 그 종소리를 들을 때 왕과 지배층의 번뇌는 사라졌을지 모르나 일반백성들에게는 그 소리가 '고통의 소리'로 에밀레-에밀레 하고 들렸을 것이다.

이것을 후대의 사람들은 에미(엄마)를 부르는 아이의 슬픔과 고통소리라고 하지만 에미를 에밀레라고 부르는 우리말은 그 어디에도 없다. 에밀레는 히브리어 아멜림(ahmellim, עמלים), 아말리(ahmelly)를 말하며 이의 뜻은 고통, 번뇌이다.

에밀레종
(성덕대왕신종, 국립경주박물관)

제2부

역사 문화적 고찰

1. 『삼국사기』와 『삼국유사』

　　현존하는 모든 한국사 서적 가운데 가장 오랜 것으로 손을 꼽는 것이 『삼국사기』이고, 그 다음이 『삼국유사』임은 누구나 인정하는 것이다. 『삼국사기』는 12세기 중반인 고려 인종 23년에 김부식이 왕명을 받들어 국가적 차원에서 기록한 것이고, 삼국을 중심으로 한 우리 고대사 연구에 얼마나 귀중한 문헌인가는 두말할 나위도 없다.

　　『삼국사기』는 유교적 합리적 사관에 의하여 기록되어 군자는 괴력난신(이성적으로 설명하기 어려운 괴이하고 불가사의한 존재나 현상)에 대해 말하지 않으며, 그리고 술이부작(있는 것을 적을 뿐 일부러 새로운 것을 적지 않는다)의 원칙 아래 쓰여진 정사체의 사서이다. 『삼국사기』는 사실주의에 입각하여 정확한 기록을 남기고자 하였다. 예를 들면, 신라의 왕호를 다른 이처럼 비루하다고 하여 생략하거나 고치거나 하지 않고 전해져온 그대로 기록하였다고 한다. 하지만 당시 지식인들의 중국 중심의 사대주의 사상과 모화 사상에 치우쳐 기록되었다는 비판도 받고 있다.

　　반면에, 『삼국유사』는 고려 후기의 승려 보각국사 일연이 삼국시대의 내용을 담아 1281-1283년경에 저술한 책으로서, 역사, 설화, 불교 관련 기록 등을 다양하게 수록하였다. 『삼국사기』와 더불어 한국 고대사의 중요한 양대 사료이다. 몽골과의 전쟁 이후에 저술된 책이기 때문에 『삼국사기』에 비해 민족자주적인 내용이 많이 들어있다는 평가를 받고 있으며 보통 『삼국사기』가 정사고 『삼국유사』는 야사 정도로 추정하는데 『삼국유사』라는 이름도 이전의 사서(일반적으로는 『삼국사기』)에서 빠진 내용들을 수록했다는 뜻을 담고 있다.

『삼국유사』에서는 한국신화와 관련된 내용도 들어있는데 현존하는 책 중에는 단군신화를 수록하고 있는 최초의 책이다. 당시의 집권층의 사대주의적 유교사관에 반발하여 우리나라가 중국 못지않게 유구한 역사를 자랑하는 민족임을 나타내고자 했다. 지금의 시각으로 보면 황당한 얘기도 많이 있지만 그 당시의 역사인식과 사회문화 현상을 볼 수 있다.

고대 사료 부족이라는 어려움을 겪고 있는 국내 사학계에는 무엇과도 바꾸기 힘든 소중한 책으로서, 가락국기도 수록되었는데, 이 덕분에 한국사에서 유일하게 가야왕조의 흥망사를 전해주고 있다. 또한 구지가 등의 가야의 고대 가요와 함께 신라의 향가 찬기파랑가, 처용가 등 14수도 기록되어 있어 국문학사에서 의의가 참으로 크다. 우리문자가 없는 시대에 한자의 음과 뜻을 빌려 당시에 민간에 회자되던 우리말과 노래들을 기록한 것은 너무도 소중한 것으로 인정받는다.

2. 『삼국사기』의 히브리적 해석

◆◇◆◇◆

『삼국사기』 신라본기
시조 혁거세(赫居世) 거서간(居西干)
혁거세가 거서간에 오르다(기원전 57년 4월 15일 음력)

시조. 성은 박씨이고 이름은 혁거세[註 1]이다. 전한 효선제 오봉 원년 갑자 4월 병진(丙辰, 혹은 정월 15일이라고도 한다)에 왕위에 오르니, 이를 거서간[註 2]이라 했다. 그때 나이는 13세였으며, 나라 이름을 서나벌[註 3]이라 했다. 이보다 앞서 조선 유민들이 산곡 사이에 나뉘어 살아 육촌을 이루었다.

첫째는 알천 양산촌,
둘째는 돌산 고허촌,
셋째는 취산 진지촌 간진촌(干珍村)이라 한다.
넷째는 무산 대수촌,
다섯째는 금산 가리촌,
여섯째는 명활산 고야촌

이것이 진한 육부가 되었다. 고허촌장 소벌공이 양산 기슭을 바라보니, 나정(蘿井)[註 4] 옆 수풀 사이에서 말이 무릎을 꿇고 울고 있었다. 이에 가보니 문득 말은 보이지 않고 큰 알이 있었다. 이를 갈라보니 갓난아이가 나왔다. [아이를] 거두어 길렀는데, 나이 10여 세가 되자 재주가 특출하고 숙성하였다.

6부인들은 그 출생이 신이하므로 이를 받들고 존경하였는데, 이때에 이르러 받들어 임금으로 삼은 것이다. 진 인은 박[호(瓠)]을 박이라 했고 처음에 큰 알이 박과 같았기 때문에 박(朴)으로 성을 삼았다. 거서간은 진[한] 사람들의 말로 왕을 가리킨다 혹은 귀인을 부르는 칭호라고 한다.

[註 1] **혁거세**(赫居世)

신라의 건국 시조로 재위 기간은 기원전 57년-기원후 4년이다. 『삼국유사』 권1, 기이(紀異)2, 신라 시조 혁거세왕(赫居世王)에는 '불구내왕'(弗矩內王)이라고도 했으며, '밝은 왕'을 차음하여 기록한 것이다. 이는 밝게 세상을 다스림을 말하는 것이라고 하였다. '혁거세' 호칭에 대해서 '혁'(赫)은 '광명'(光明)·'명철'(明哲)·'현명'(賢明)의 말인 '붉'의 차훈(借訓)이고, '거세'(居世)는 왕호 '거서간'(居西干)의 '거서'와 동음의(同音義)의 말이라고 하였다(이병도, 『삼국사기 상』 [을유문화사, 1983], P. 17).

혁(赫)의 훈은 '밝은'으로서 히브리어 발그 또는 발라그(balag, בלג)는 밝다 빛나다를 뜻한다. '불구내왕'이라 한 것은 히브리어 발그 또는 발라그(balag, בלג)를 음차한 것으로 할 수 있다. 또는 히브리어 정관사 하(ha, ה)의 차음으로 볼 수 있다. 정관사를 사용하여 (정관사의) 용법 중 '다만 한 이름에만 정당성을 가지거나 부르는 칭호'로서 사용하였던 것 같다(빌헬름 게제니우스, 『게제니우스 히브리어 아람어 사전』, 이정의 역 [생명의 말씀사, 2007], p. 169).

하키세(ha-kisse, הַכִּסֵּא)로서 이를 차음하여 혁거세(赫居世)로 표기한 것이다. 거세(居世)와 거서간(居西干)은 같은 말로서 히브리어 명사와 형용사인 까닭에 다르게 표기 한 것이다. 그러므로 혁거세는 빛나는(밝은) 왕좌 또는 (정관사로서) 유일한 왕좌라는 뜻이다. 거서간은 왕좌에 앉은 왕이라는 의미이다.

[註 2] **거서간**(居西干)

신라 시조 박혁거세의 왕호이다. 박혁거세만이 사용하였다. 『삼국유사』 권1, 기이2, 신라 시조 혁거세왕에는 '거슬한' (居瑟邯)이라고도 하였는데, 그 뜻은 진한(辰韓)의 말로 왕이나 존귀한 사람을 부르는 호칭이라고 되어 있다.

거서(居西)에 해당하는 히브리어 키세(kisse,' כִּסֵּא or kisseh, כִּסֵּה), 키세아크(kisseakh, כִּסֵּאךְ)는 왕좌, 왕위(seat of honor, throne)를 의미한다.

간(干)은 대신, 장관, 제사장을 뜻하는 카한 또는 코헨을 음차한 것이다.

신라에서 성씨의 사용은 실제 565년을 下限으로 김씨 성이 처음이었고, 박씨와 석씨는 김씨에 뒤이어 6세기 중엽 혹은 6세기 후반 무렵부터 사용되기 시작했다고 한다(이순근, "신라시대 성씨 취득과 그 의미," 『한국사론』 [서울대 국사학과, 1980], pp. 11-21). 이

학설에 따른다면, 본문에서 혁거세가 박씨 성을 일컬었다는 것은 후대의 계보관념으로 소급하여 추기한 것으로 보아야 할 것이다.

[註 3] **서라벌**(徐羅伐)

신라 초기의 국호로서 서벌(徐伐)·서야벌(徐耶伐)·사라(斯羅)·사로(斯盧)·신라(新羅)·계림(鷄林) 등으로 다양하게 불렸다. 그 중 계림은 탈해니사금 대 김알지(金閼智)를 발견한 것으로 인하여 붙여졌고, 신라(新羅)라는 국호는 기림니사금 10년(307년)에 붙여졌다가 지증왕 4년(503년) 공식적인 국호로 사용되었다. 기림니사금은 사라(斯羅)·사로(斯盧)로 의미 없이 차음하여 사용하던 국호를 새롭고 넓게 망라한다는 의미를 지닌 그 훈을 사용하여 신라라고 부른 것 같다(발음은 사라 또는 서라).

그 후, 지증왕 때에 이르러서는 아예 국호를 한자음대로 신라를 택한 것 같다. 신라 국호에 대해 '사로' 또는 '사라'는 오늘날 경주 지역을 중심으로 하는 좁은 범위의 정치 세력을 의미하는 대내적인 용도로 사용하였으며, 신라는 대외적으로 국력이 신장되고 신라의 활동 범위가 넓어짐에 따라 외부 세력과의 접촉이 빈번해짐에 따라 아예 국호를 한자음대로 신라를 택한 것으로 추정된다.

히브리어 사르(sar, שַׂר)는 왕, 방백, 장군, 우두머리라는 뜻으로 성경에서는 '열국의 아버지' 아브라함의 아내 이름이 사라(sarah, שָׂרָה' 사라흐)이다. 그러므로 아브라함은 '열국의 왕'이라는 뜻이다. 벌(伐)은 히브리어 바르(bar, בר)를 음차한 것으로 들판, 들, 넓은 땅이라는 말로서 서라벌(徐羅伐)은 왕국의 들판, 왕의 나라, 왕의 땅이라는 말이다.

가야의 경우도 그러하다 『삼국유사』에 따르면 가야의 초대 왕 수로는 구간에 의해 옹립되는데 수로는 사라, 서라와 동일하다. 곧 가야의 왕 이라는 뜻이다. 가야에 대해서는 히브리어 고이 (gowy, גוי)는 국민, 민족, 백성, 국가라는 뜻이므로 이에 대한 차음으로 가야를 선택하였던 것이다.

[註 4] **나정**(蘿井)

신라 시조 박혁거세의 탄강전설(誕降傳說)이 깃든 곳인데, 소지왕 9년(487년)에 시조가 태어난 나을(奈乙)에 신궁(神宮)을 세웠다고 했으므로, 나정과 신궁의 관련성은 정(井)의 고대의 음이 얼(양주동)이었으므로 나을(奈乙)과 나정(蘿井)은 동일한 지명으로 추정된다고 한다.

나을은 히브리어 나하르를 표기한 것으로 보이며 나하르 (nahar, נָהָר)는 강, 하천 이라는 말이다. 또는 '나(nahar, נָהָר)+을(정[井])'로 강가의 우물로 해석할 수 있다. 그러므로 신라 초기 건국 세력은 강가에 정착한 것으로 생각된다.

남해(南解)차차웅(次次雄)
남해차차웅이 즉위하다(4년 3월 미상 음력)

남해차차웅[註 1]이 즉위했다. 차차웅은 혹은 자충(慈充)이라 한다. 김대문은 이렇게 말했다.

"방언으로 무당을 가리킨다. 세상 사람들은 무당이 귀신을 섬기고 제사를 받들기 때문에 이를 경외하여 마침내 존장자를 가리켜 자충이라 부르게 되었다. 그는 혁거세의 친아들이다. 신체가 장대하고 성품은 침착하고 중후하였으며 지략이 많았다. 어머니는 알영부인[註 2]이고 왕비는 운제부인이다. 또는 아루부인[註 3]이라고도 하였다. 아버지를 이어서 즉위하여 원년을 칭하였다."

[註 1] 남해차차웅

남해는 히브리어 나함(nacham, מחנ)으로 위로, 위안이라는 뜻이다. 그러므로 왕이 성품이 침착하고 중하여 백성을 편안하게 위무한 까닭에 지어진 이름 같다. 왕호 차차웅은 신라 초기 왕의 칭호로서 자충(慈充)이라고도 하였다. 차차웅과 자충은 같은 말을 달리 표기한 것으로, 이는 남해왕에게만 붙였던 칭호이다. 김대문(金大問)에 의하면, 차차웅은 원래 무당을 일컫는 말이었으나 후에 존장자의 칭호가 되었다고 한다. 그래서 차차웅을 군장이 영능자(靈能者)의 역할을 하였던 제정일치시대(祭政一致時代) 왕의 칭호로 해석하였다(이병도, "신라의 기원문제," 『한국고대사연구』).

그러나 차차웅 또는 자충에 해당하는 히브리어 카치인(katseen, קָצִין)은 사령관, 장군, 지도자, 방백, 왕의 뜻으로 히브리어 발음에서 당시 k발음과 ts발음의 자음동화 현상으로 tsa-tseen(차치인)으로 변화하여 이와 유사한 발음의 차차웅(次次雄), 자충(慈充)으로 기록한 것으로 추정된다. 또는 카치인(katseen, קָצִין)에 해당하는 적당한 한자음이 없는 까닭에 차차웅(次次雄), 자충(慈充)으로 기록한 것 같다(실제 우리나라 한자음에 '크'나 '카'가 없지 않은가?)

[註 2] 알영부인

알영은 아리영으로도 불려졌는데 히브리어 엘욘(Elyon, עֶלְיוֹן)을 음차한 것으로 추정된다. 엘욘은 지극히 높은 분이라는 뜻이므로 왕비임을 나타낸다.

[註 3] 아루부인

히브리어 아르(ar, עַר)는 성읍, 도시(국가)를 말한다. 그러므로 왕비 또는 왕족을 의미한다.

유리니사금(尼師今)
유리니사금이 즉위하다(24년 9월 미상 음력)

유리니사금[註 1]이 즉위했다. 남해(南解)의 태자이다. 어머니는 운제부인이며 비(妃)는 일지갈문왕의 딸이다 혹은 비는 성(姓)이 박(朴)으로 허루왕(許婁王)의 딸이라 한다. 원래 남해가 세상을 떠났을 때 유리가 즉위함이 마땅했으나 대보(大輔)탈해가 평소에 덕망이 있다고 하여 그 위(位)를 미루어 양보하자 탈해가 말했다.

"신기대보(神器大寶)는 용렬한 사람이 감당할 바가 못 된다. 내가 들으니 성스럽고 지혜로운 사람은 치아가 많다고 한다."

떡을 물어 시험해 보니 유리의 치아가 많았으므로, 좌우 사람들과 더불어 그를 받들어 세우니 니사금(尼師今)이라 칭했다. 옛 전승이 이와 같으니, 김대문은 말했다.

"니사금은 방언으로서 임금을 가리킨다. 예전에 남해가 죽으려 할 때 아들 유리와 사위 탈해에게 '내가 죽으면 너희 박(朴)·석(昔) 두 성이 연장을 기준으로 위(位)를 잇도록 하라'고 말했다. 그 후 김성(金姓)도 일어나 3성이 연장을 기준으로 상호간에 후계를 이었기 때문에 니사금이라 칭했다."

[註 1] **유리니사금**(儒理尼師今)

유리는 히브리어 야라 또는 이라(yarah, יָרָה)는 제비뽑다, 점쾌(주사위)를 던지다라는 뜻으로 탈해왕과 제비를 뽑아 혹은 점을 쳐서 선출하였다는 뜻이다. 왕을 선출할 때 떡을 깨물어서 치아 숫자로서 선출하였다고 기록되어 있는데 이것보다는 어떤 모종의 과정을 거쳐서 선출된 듯하다. 또는 히브리어 우르 또는 오르('owr, אוֹר)는 빛이라는 말이므로 빛과 같은 존재(임금)를 의미한다.

니사금은 신라 초기의 왕호로『삼국유사』에서는 제3대 유리왕부터 제16대 흘해왕까지 이사금의 왕호를 사용하였으나, 『삼국사기』에서는 제18대 실성왕까지 사용하였다고 하였다. 니사금(尼叱今) 또는 훈독(뜻으로 읽는 법)하여 치질금(齒叱今)이라고도 하였는데, 이는 모두 '잇금'의 다른 표기이다. 김대문(金大問)은 이사금을 연장자의 표징인 잇금[齒理]을 의미한다 하였고, 이병도는 '잇' 혹은 '이스'로 읽어 후계왕의 뜻으로 해석하였다.

그러나 히브리어 니사크(nisaku, נָסַךְ) 또는 나시크(nasik, neciyk, נָסִיךְ)는 왕 또는 제사장을 의미하며 고대 제정일치의 사회에서 가장 중요한 인물이라는 뜻이다. 니사금이 이사금으로 변형되었으며 이것은 후에 닛금, 잇금 그리고 임금으로 변화한 것으로 생각된다.『삼국유사』에서는 니질금 또는 이질금으로 기록하였는데 이는 오기로 판단되며 또는 '질'의 발음이 당시에 '시'나 '사'와 가까웠을 것으로 생각된다. 니질금은 가야의 기록에도 나타난다(『삼국유사』 가락국기).

유리니사금
진휼을 실시하다(28년 11월 미상 음력)

5년 겨울 11월에 왕이 나라 안을 순행(巡幸)하다가 추위와 굶주림으로 죽으려 하는 할멈을 발견하고 말했다.

"내가 보잘 것 없는 몸으로 왕위에 있으면서 백성들을 부양하지 못하여 노인과 어린 것들을 이렇게 극심한 상황에 처하게 만들었다. 이는 나의 죄이다."

[왕이] 옷을 벗어 덮어주고 음식을 주어 먹게 했다. 그리고 담당 기관에 명해 곳곳을 살펴 홀아비, 과부, 고아, 늙어 자식이 없는 사람과 늙고 병들어 스스로 살아갈 수 없는 자들에게 양식을 지급했다. 이를 듣고 이웃 나라 백성들이 많이 왔다. 이 해에 백성들의 풍속이 즐겁고 평안하여 처음으로 도솔가(兜率歌)[註 1]를 지었다. 이것이 가악(歌樂)의 시작이 되었다.

[註 1] 도솔가(兜率歌)

도솔가는 가악(歌樂)으로 즐겁고 행복한 노래라는 의미이다. 히브리어 도셴(doshen) 또는 다셴(dashen, דָּשֵׁן)은 풍요롭다 부유하다는 뜻이고 유리니사금 대의 국정이 평안하여 백성의 삶이 윤택하고 부유하여 행복하다는 내용의 노래가 불려졌다는 것이다. 경상도 방언 따습다(부유하고 여유있다)와 동일한 의미이다.

> (유리)왕이 육부를 모두 정하고 이를 둘로 갈라 왕녀 두 사람으로 하여금 각기 부내(部內)의 여자를 거느리고 무리를 나누게 했다. 가을 7월 16일부터 매일 일찍 큰 부(部)의 뜰에 모여 마포(麻布)를 짜고 밤 10시에 파했다. 8월 15일에 이르러 그 공의 많고 적음을 가려 진 편에서는 술과 음식을 내어 이긴 편에 사례했다. 이에 노래하고 춤추며 온갖 놀이를 즐겼으니 이를 가배(嘉俳)[註 1]라 불렀다. 이때 진 편의 한 여자가 일어나 춤추고 읊조려 "회소(會蘇) 회소"라 하니 그 소리가 애처롭고도 우아했다. 후세 사람들이 그 소리로 노래를 만들어 회소곡[註 2]이라 이름했다.

[註 1] 가배(嘉俳)

유리니사금이 6부를 정한 후 8월 15일에 그동안의 길쌈의 결과로서 그 공의 다소를 가지고 이긴 편에 사례를 하고 가무와 온갖 유희를 즐기니 이를 가배라고 불렀다. 히브리어 가바(גָּבַהּ gabahh gaw-bawh')는 전체, 총체, 종합하다라는 뜻으로 당시의 6부의 전체 백성이 다 모여 그 동안의 길쌈 경기를 종합하여 이긴 팀에 사례하고 이 날을 즐겼으니 가배가 훗날 가위, 한가위가 되었고 이것이 현재의 추석이다.

[註 2] 회소곡(會蘇曲)

가배 모임에서 진 편이 이긴 편에 사례하고 주식을 장만하고 가무를 즐길 때 진 편의 한 여자가 춤추며 "회소(會蘇) 회소" 탄식하였다고 한다. 히브리어 후스(hoos, חוס, hus)는 가련히 여기다, 불쌍히 여기다라는 뜻으로 여자가 춤추며 불렀던 노래는, 자신의 처지를 불쌍히 여겨달라 혹은 자신의 처지가 가련하다는 심정을 노래한 것이다.

◆ ◆ ◆ ◆ ◆

탈해니사금
탈해니사금이 즉위하다(57년 11월 미상 음력)

탈해니사금이 즉위했다 토해(吐解)라고도 한다.[註 1] 당시 나이가 62세였다. 성(姓)은 석(昔)이고 비는 아효부인이었다. 탈해는 본래 다파나국(多婆那國)에서 태어났다. 그 나라는 왜국의 동북쪽 1천 리 되는 곳에 있었다. 처음에 그 나라 왕이 여국왕(女國王)의 딸을 맞이해 처로 삼았는데 임신한 지 7년 만에 큰 알을 낳았다.

왕이 말했다.

"사람으로서 알을 낳은 것은 상서롭지 못하다. 마땅히 이를 버려야 한다."

그 여자가 차마 그렇게 하지 못하고 비단으로 알을 싸서 보물과 함께 함에 넣고 바다에 띄워 가는 대로 맡겼다. 처음에 금관국(金官國)의 해변에 이르렀는데 금관 사람들은 이를 괴이하게 여겨 거두지 않았다. 다시 진한(辰韓)의 아진포구[註 2]에 이르렀는데, 이때가 시조 혁거세가 즉위한 지 39년 되는 해였다. 이때 해변의 노모가 줄을 가지고 해안으로 당겨 함을 열어 살펴보니 한 어린아이가 있었다. 그 할미가 거두어 길렀다. 장성하자 신장은 9척이고 풍채가 훤하며 지식이 남보다 뛰어났다. 어떤 이가 말했다.

"이 아이의 성씨를 알 수 없는데 처음에 함이 도착했을 때에 까치 한 마리가 날아 울면서 이를 따랐으니 마땅히 '작'(鵲)자에서 줄여 석(昔)으로 씨(氏)를 삼아야 한다. 그리고 둘러싼 함을 열고 나왔으니 탈해(脫解)로 이름을 지어야 한다."

탈해는 처음에 고기잡이로 생업을 삼아 어미를 공양했는데 게으른 기색이 전혀 없었다. 어미가 말했다.

"너는 범상한 사람이 아니고 골상이 특이하니 배움에 정진해 공명(功名)을 세워라."

이에 오로지 학문에 정진하고 아울러 지리를 알았다. 양산 아래 호공(瓠公)[註 3]의 집을 바라보고 길지라고 여겨 속임수를 내어 차지하고 이곳에 살았다. 이곳은 뒤에 월성(月城)이 되었다. 남해왕 5년에 그가 어질다고 듣고 [왕은] 딸을 그의 처로 삼았다. 7년에는 등용해 대보(大輔)[註 4]로 삼고 정사를 맡겼다. 유리왕이 세상을 떠나려 할 때 말했다.

"선왕께서 유언해 '내가 죽은 뒤 아들과 사위를 따지지 말고 나이가 많고 어진 자로 위(位)를 잇게 하라'고 하셨기 때문에 과인이 먼저 즉위했다. 지금은 마땅히 탈해에게 위를 전해야 한다."

[註 1] 토해(吐解)

탈해왕의 또 다른 이름이다. 탈해에 해당하는 히브리어는 트힐라흐(t'hillah, תְּהִלָּה, tehillah)로 이것은 명성, 명예, 영광의 뜻이며 이에 대한 차음으로 한자 탈해(脫解)를 사용한 것으로 추정되며 토해(吐解)와 토함산의 토함 경우도 마찬가지로 토헬레트(t'ohelleth, תּוֹחֶלֶת)는 희망, 소망, 기대라는 뜻으로 탈해왕이 오랜 기간 인고의 세월을 거치며 왕이 되려고 노력하여 희망과 기대를 마침내 이루어 낸 왕이라는 의미에서 이름 지은 것 같다.

[註 2] 아진포구

『삼국유사』에는 아진 의선 노파의 도움을 받아 성장하는 것으로 기록되어 있다. 히브리어 아젠('azen, אָזֵן)은 세력, 위엄, 명예, 위세, 병기, 무기란 뜻이다. 그러므로 아진포구를 중심으로 강력한 해양 무장 세력이 존재했던 것 같으며 탈해는 이들의 도움으로 신라에서 주도권을 쥘 수 있었던 것 같다. 그리하여 호공의 세력을 꺾고 후에 왕이 될 수 있었던 것이다.

[註 3] 호공(瓠公)

호공은 혁거세에 의해 중용되어 탈해니사금 2년(58)에는 대보

(大輔)의 자리까지 오르고 탈해왕대에 김알지(金閼智)를 발견하는데 큰 역할을 한다. 그런가 하면 탈해의 꾀임으로 살던 집을 빼앗긴다는 설화도 전해진다. 호공의 히브리어 명칭은 호르(Hor, חוֹר)이며 이것은 귀족, 귀인이란 뜻이다. 공은 훗날 추가한 것으로 보여진다. 호르는 성경에도 자주 나오는 인명이다.

『삼국유사』 권1 기이편(紀異篇) 탈해왕조에 탈해가 호공의 집을 빼앗은 과정이 자세히 기록되어 있다. 즉 탈해가 호공의 집터가 길지(吉地)임을 알고 그 집을 차지하기 위하여 숫돌과 숯을 그 곁에 몰래 묻어 두었다. 얼마 후 그 곳이 자신의 선조가 살던 곳이라 하여 돌려주기를 호공에게 청하였으나 호공이 이를 거부하자 전에 묻어 두었던 숫돌과 숯을 꺼내 보임으로써 그 사실을 증명하였다. 그 결과 호공의 집을 탈해가 차지하게 되었다고 한다. 이것으로 볼 때 호공은 당시 권력의 중심에 있었으며 탈해와 왕권을 두고 각축을 벌였던 것으로 추측할 수 있다.

[註 4] 대보(大輔)

이것은 최고의 고위직 벼슬로써 히브리어 도베(dobeh, דֹּבֶא)는 힘, 능력, 병력이라는 뜻이므로 최고의 벼슬이다. 결국 왕은 마제의 딸을 태자비로 삼는 대신 허루에게는 대보라는 벼슬을 주어 달래는 광경이다. 대보는 주다(酒多)라고 하여 이찬보다 지위가 높고 후에 이것을 각간(角干)이라 일컬었다고 한 점으로 보아, 이벌찬의 이칭인 서발한(舒發翰)·서불한(舒弗邯)으로 훈독될 수 있다.

탈해니사금
알지가 태어나고 국호를 계림으로 고치다(65년 3월 미상 음력)

9년 봄 3월 밤에 왕이 금성(金城)[註 1] 서쪽의 시림(始林)나무들 사이에서 닭이 우는 소리를 들었다. 날이 밝자 호공을 보내 살펴보니 금색의 작은 궤짝이 나뭇가지에 걸려 있고 흰 닭이 그 아래에서 울고 있었다.

호공이 돌아와 고하니, 왕은 사람을 시켜 궤짝을 가져와 열게 했다. 작은 남자아이가 그 안에 있었는데, 자태가 뛰어나게 훌륭했다. 왕이 기뻐하며 좌우에 일러 "이는 어찌 하늘이 내게 내려준 아들이 아니겠는가!"라고 하고 거둬 길렀다. 자라면서 총명하고 지략이 많아 이름을 알지(閼智)[譯註 2]라 했다. 그가 금궤짝에서 나왔기 때문에 성을 김씨(金氏)라 했고, 시림의 이름을 계림(雞林)[註 3]으로 고치고 이것으로 국호를 삼았다.

[註 1] 금성(金城)

신라 시조 혁거세 때 쌓은 궁성(宮城)이다. 쇠로 만든 것처럼 튼튼한 성이라는 뜻이다. 이러한 표현은 히브리 성경에도 나타난다(렘 1:18 놋쇠의 성벽).

[註 2] 알지(關智)

아기의 옛말이라는 설이 있으나 권력층의 핵심인 인물을 아기라고 비하하여 칭할 리가 없고 히브리어 알즈('alz, עלז) 또는 알라츠('alats, עלץ)를 표기한 것으로 이것은 기쁨, 환희, 즐거움이라는 뜻이고, 왕이 기뻐했다는 앞의 문맥을 볼 때 타당하다고 생각한다. 또는 히브리어 아리츠('ariyts, עריץ)강력하다, 거대하다 라는 뜻이므로 탈해왕이 강력한 군사력을 보유한 알지 집단을 영입한 것을 기뻐했다는 의미 일수도 있다.

[註 3] 시림(始林) 계림(雞林)

시림, 계림 모두 국호 서라벌을 표기한 것으로서 시림은 음차를 한 것이고 계림은 새의 훈을 따 온 것이라 한다. 탈해왕대에 김알지를 영입한 후 계림으로 호칭이 변경되며 닭에 의미를 두는 것은 너무 활자에 치우치는 것으로 판단된다. 계림의 경우, 히브리어 키르(קיר)는 성읍, 국가를 의미한다. 또한 히브리어 키림(קירים)은 이것의 복수형으로 한자음을 차음하여 기록한 것으로 판단되며, 김알지를 영입한 후 박씨, 석씨, 김씨의 3성의 연합국가로 발전한 것 같다.

시림의 경우 사로, 사라, 서나 등과 같이 히브리어 사르(שׂ)를 이두식으로 표기한 것 같다. 이것은 왕, 우두머리, 장수 등의 뜻이다. 사르(שׂ)의 복수형이 사림(שׂרים)이다. 그러므로 이의 복수형으로써 시림(始林)으로 표기한 것이다.

파사니사금
파사니사금이 즉위하다(80년 9월 미상 음력)

파사니사금(婆娑尼師今)[註 1]이 즉위했다. 유리왕(儒理王)의 둘째 아들이다 혹은 유리(儒理)의 동생인 나로(奈老)의 아들이라 한다. 비(妃)는 김씨(金氏) 사성부인(史省夫人)이며 허루갈문왕(許婁葛文王)[註 2]의 딸이다. 처음에 탈해가 세상을 떠났을 때 신료들이 유리의 태자 일성을 추대하려 했다. 어떤 사람이 말했다. "일성은 적통의 자식이지만 위엄과 지혜가 파사에 미치지 못한다."

그러자 드디어 그를 추대했다. 파사는 검약하며 쓸쓸이를 아끼고 백성들을 사랑하여 나라 사람들이 가상히 여겼다.

[註 1] **파사니사금**(婆娑尼師今)

히브리어 파르스(paw-ras', פָּרַס)는 숭고하다, 훌륭하다, 고귀하다라는 뜻이다. 파사는 검약하며 쓸쓸이를 아끼고 백성들을 사랑하였기 때문에 이런 이름이 붙여진 것 같다.

현대 중국어 성경에서는 고대의 페르시아를 뜻하는 파르스(paw-ras', פָּרַס)를 파사(波斯)라고 기록해 놓았다. 또는 히브리어 파사(pasah, פשה) 또는 파차(patsach, פָּצַח)는 빛나다, 빛을 비추다 라는 뜻이다. 이것을 차음하여 파사라고 한 것 같다.

[註 2] **허루갈문왕**(許婁葛文王)

갈문왕은 왕위계승권이 없는 준왕(準王)과 같은 존재로서 왕과의 일정한 관계를 기준으로 하여 책봉되었다. 곧 신라의 지배층인 왕족과 왕비족을 중심으로 한 사회적·정치적 관계를 표현해 주는 것이었다. 신라 초기 박씨왕 시대에는 왕비의 아버지가 주로 갈문왕에 책봉되었고, 눌지왕 이후 마립간 시기에는 왕의 동생이 갈문왕에 책봉되었다. 그러다가 태종무열왕 이후에는 죽은 아버지에 대한 추봉적(追封的) 의미의 갈문왕제만이 유지되었다 (이기백, "신라시대의 갈문왕,"『신라정치사회사연구』[일조각, 1974]). 또한 갈문왕 의미에 관해서는 근세 학자간의 종종의 해석이 있어, 갈경왕의 일컬음이라고 하고(이익, 안정복) 혹은 갈문의 방훈 '칙글'과 사의 방언 '주근'과 유사한 발음이라 하여 이를 죽은왕, 추숭왕(追崇王) 뜻이라 하고 혹은 갈문을 갈천(갈물)으로 보기도 하고 혹은 갈만임금으로 훈독하기도 하며(양주동) 갈문은 지명의 감문과 같이 '감,' '검,' '금'의 음력으로 신 또는 군장의 뜻이며 갈문에 왕자를 붙인 것은 후세의 일이라고 한다. 이 밖에 더 좋은 새로운 가설이 있으나 더 연구할 여지가 있다고 한다(이병도, 『삼국사기』[을유문화사], p. 24).

이에 대하여 필자의 생각은 갈문(葛文)에 해당하는 히브리어 갈무드(gal-mood, גַּלְמוּד)는 열매가 없는, 결과를 이루지 못하다, (여인이)아이를 낳지 못하다는 뜻이므로, 갈문왕은 어떠한 연유로 왕이 되지 못한 이에 대한 추봉(追封)과 추숭(追崇)의 의미로 부여한 명칭이다. 또는 우리말의 골무를 말하며 이것은 손가락의 골무 또는 뿌리골무 등에서 보듯이 '감싸고 보호한다'는 의미를 갖는다. 곧 왕에 대한 보호자, 돕는 사람, 감싸는 사람을 의미하는 것 같다. 히브리어 사전에서도 명확한 의미를 잘 파악하지 못하는 것 같다. 히브리어 골미(golmi, גלמי)의 뜻을 헝겊 뭉치(?)로 해석해 놓았다.

허루는 히브리어 호르(Hor, חור)로 추정되며 갈문왕으로서 파사니사금의 장인이 된다. 성서에는 모세의 부관(부하)이름으로 나타난다.

◆ ◆ ◆ ◆ ◆

지마니사금

지마니사금이 즉위하다(112년 10월 미상 음력)

지마니사금(祇摩尼師今)[註 1]이 즉위했다. 혹은 지미(祇味)라고 한다. 파사왕의 적자(嫡子)이며 어머니는 사성부인(史省夫人)이다. 비는 김씨(金氏) 애례부인(愛禮夫人)으로서 갈문왕 마제[註 2]의 딸이다. 처음에 파사왕이 유찬의 못에서 사냥했는데 태자가 이를 따라갔다. 사냥이 끝난 뒤 한기부를 지날 때 이찬 허루가 향응을 베풀었다. 술기운이 얼큰해지자 허루의 처는 어린 딸을 데리고 나와 춤을 추었다. 마제(摩帝) 이찬의 처도 딸을 데리고 나오니, 태자가 보고서 기뻐했다. 허루가 기뻐하지 않으니 왕이 허루에게 말했다.

"이곳의 지명은 대포(大庖)[註 3]이다. 공이 이곳에서 풍성한 음식과 잘 빚은 술을 차려 잔치를 즐기게 해주었으니, 마땅히 주다(酒多)의 위(位)를 주어 이찬의 위[상(上)]에 있게 하겠다"

그리고 나서 마제의 딸을 태자의 배필로 삼았다. 주다[註 4]는 뒤에 각간(角干)[註 5]이라 불렸다.

[註 1] 지마니사금(祇摩尼師今)

지마(祇摩)에 해당하는 히브리어 차마 혹은 체마(tzahmah, צָמַח tsamach)는 빛나다, 광채를 발하다, 성장하다, 번영하다라는 뜻이다.

[註 2] 마제(摩帝) 갈문왕

히브리어 마오저(ma'owz, מָעוֹז)는 산성, 산꼭대기, 요새, 성채란 뜻이므로 권력의 중심 인물을 의미한다.

[註 3] 대포(大庖)

이것은 최고의 벼슬인 대보를 표기한 것으로 보이며 동일한 발음이었던 것으로 생각된다.

결국 왕은 마제의 딸을 태자비로 삼는 대신 허루에게는 대보라는 벼슬을 주어 달래는 광경이다. 대보는 주다(酒多)라고 하여 이찬보다 지위가 높고 후에 이것을 각간(角干)이라 일컬었다고 한 점으로 보아, 이벌찬의 이칭인 서발한(舒發翰)·서불한(舒弗邯)으로 훈독될 수 있다. 히브리어 도베(dobeh, הבא)는 힘, 능력, 병력이라는 뜻이므로 최고의 벼슬의 명칭으로 사용하였다.

[註 4] **주다**(酒多)

주(酒)의 훈이 고대음으로 수블이라 하였으며 다(多)는 많다, 크다라는 뜻이므로 그 훈이 '한'이다. 그러므로 주다는 수블한이 되며 이는 최고의 벼슬인 각간이다.

[註 5] **각간**(角干)

히브리어 케렌(keh'-ren, קרן)은 뿔이라는 뜻이다. 이 뿔은 히브리에서 힘과 권력의 상징이다. 케렌은 또한 정상, 산꼭대기, 산정의 뜻이다. 간(干)은 히브리어 카한(kahan, כהן)으로 이것은 대신(장관), 제사장 등을 의미한다. 그러므로 각간은 최고의 벼슬이다.

◆ ◆ ◆ ◆

일성니사금
일성니사금이 즉위하다(134년 8월 미상 음력)

일성니사금(逸聖尼師今)[註 1]이 즉위했다. 유리왕의 큰아들이다 혹은 일지갈문왕의 아들이라 한다. 비는 박씨(朴氏)로서 지소례왕의 딸이다.

[註 1] 일성니사금

일성에 해당하는 히브리어 알스 또는 알라스(alas, עָלַס)는 기뻐하다, 즐거워하다라는 뜻이다.

◆ ◇ ◆ ◇ ◆

아달라니사금
아달라니사금이 즉위하다(154년 2월 미상 음력)

아달라니사금(阿達羅尼師今)[註 1]이 왕위에 올랐다. 일성(逸聖)의 큰아들이다. 키가 7척이고 콧마루가 두터워 진귀한 상이었다. 어머니는 박씨로서 지소례왕(支所禮王)의 딸이다. 왕비는 박씨 내례부인(內禮夫人)[註 2]으로 지마왕(祇摩王)의 딸이다.

[註 1] 아달라니사금(阿達羅尼師今)

히브리어 아타라(atarah, עֲטָרָה)는 화관, 화환, 왕관이라는 뜻이다. 왕명을 볼 때 아달라왕대에 금관(왕관)을 제작한 듯하다. 또는 아다르(adar, אדר)를 표기한 것으로 이것은 '영광, 영화'라는 뜻이다. 곧 영광스러운 왕이라는 의미이다. 신라 제8대 왕으로 재위 기간은 154-184년이다. 신라 상대에는 박씨(朴氏), 석씨(昔氏), 김씨(金氏)가 차례로 왕위를 계승하였는데, 아달라니사금은 '박씨왕 시대'의 마지막 왕이다.

[註 2] 내례부인

히브리어 나하르(nahar, נהר)는 빛이라는 의미이다. 이를 이두식으로 표기하였다.

◆ ◇ ◆ ◇ ◆

벌휴니사금
벌휴니사금이 왕위에 오르다 (184년 3월 미상 음력)

벌휴니사금(伐休尼師今)[註 1] 또는 발휘(發暉)라고도 한다. 이 왕위에 올랐다. 성은 석씨(昔氏)이다. 탈해왕(脫解王)의 아들인 각간 구추(仇鄒)의 아들이다. 어머니는 김씨 지진내례부인(只珍內禮夫人)[註 2]이다. 아달라가 죽고 아들이 없자 나라 사람들이 그를 세웠다. 왕은 바람과 구름을 점쳐 홍수와 가뭄, 그리고 그 해의 풍흉을 미리 알았다. 또 사람의 사악함과 정직함을 알았으므로 사람들이 그를 일컬어 성인이라고 하였다.

[註 1] 벌휴니사금

히브리어 브리아흐(beriyach, בְּרִיחַ)는 성문의 빗장 또는 쇠 빗장, 견고하게 하다, 군주, 귀인(성인)을 의미한다. (나라를) 쇠로 된 빗장처럼 굳게 지킨다 라는 뜻이므로 이것은 히브리에서 군주를 뜻하고 벌휴니사금 때에 많은 외적의 침입을 잘 물리쳤기 때문에 이런 이름이 주어진 것 같다. 또는 사람들이 그를 일컬어 성인이라고 하였기때문에 주어진 이름 같다.

[註 2] 지진내례부인

히브리어 지츠(chits, צִיץ) 즉, 꽃 혹은 빛, 히브리어 나하르(nahar, נָהַר) 빛이라는 말을 한자음을 차음하여 기록하였다.

나해니사금
나해니사금이 왕위에 오르다(196년 4월 미상 음력)

나해니사금(奈解尼師今)[註 1]이 왕위에 올랐다. 벌휴왕(伐休王)의 손자이다. 어머니는 내례부인(內禮夫人)이다. 왕비는 석씨로서 조분왕(助賁王)의 누이 동생이다. 용모가 웅장하고 뛰어난 재주가 있었다. 이전 왕의 태자인 골정(骨正)과 둘째 아들인 이매(伊買)가 먼저 죽었고 큰 손자가 아직 어려 이매의 아들을 왕위에 세웠으니, 이가 곧 나해니사금이다. 이 해 정월부터 4월까지 비가 오지 않았는데 왕이 즉위하는 날에 큰 비가 내리자 백성들이 기뻐하며 경축했다.

[註 1] 나해니사금

히브리어 나하트(nachath, נַחַת)는 평화, 평안, 고요함이라는 뜻이다. 왕의 즉위식 날 큰 비가 내려 기근이 해갈되는 기쁜 일이 생기는 등, 왕의 재위 기간 동안 평안하고 안정된 시절이었던 것 같다.

◆ ◇ ◆ ◇ ◆

조분니사금

조분니사금이 즉위하다(230년 3월 미상 음력)

조분니사금(助賁尼師今)[註 1]이 왕위에 올랐다 또는 제귀(諸貴)라고도 하였다. 성은 석씨이고 벌휴니사금의 손자이다. 아버지는 골정(骨正) 또는 홀쟁(忽爭)[註 2]으로도 썼다. 어머니는 김씨 옥모부인(玉帽夫人)으로 구도갈문왕의 딸이다. 왕비는 아이혜부인(阿爾兮夫人)으로 나해왕의 딸이다. 이전 왕이 장차 죽을 즈음에 유언으로 사위 조분에게 왕위를 잇도록 하였다. 왕은 키가 크고 풍채가 뛰어났으며 일을 함에 있어 명철하고 과단성 있으므로 나라 사람들이 두려워하면서도 존경하였다.

[註 1] 조분니사금

히브리어 자하브(zahab, זָהָב)는 빛나는, 금빛나는, 금이라는 의미이다. 또는 조분은 제귀(諸貴)라고도 불리웠는데 히브리어 자카(zaka זַךְ) 또는 자카크(zakak, זָכַךְ)은 빛나는, 순수한, 순결한이라는 뜻이다. 그러므로 조분(助賁)과 제귀(諸貴)는 동일한 명칭을 한자로 차음한 것이다.

[註 2] **홀쟁**(忽爭)

히브리어 할라츠(chalats, חָלַץ) 또는 할츠는 순결한, 깨끗한, 해방, 구원의 뜻이다.

◆ ◇ ◆ ◇ ◆

첨해니사금
첨해니사금이 즉위하다(247년 5월 미상 음력)

첨해니사금(沾解尼師今)[註 1]이 왕위에 올랐다. 조분왕(助賁王)의 친동생이다.

[註 1] **첨해니사금**

히브리어 차하흐(tsahah, צָחַח)는 빛나다, 광채나다라는 뜻이다.

미추니사금
미추니사금이 즉위하다 (262년 1월 미상 음력)

미추니사금(味鄒尼師今)[註 1]이 왕위에 올랐다 또는 미조(味照)라고도 하였다. 어머니는 박씨로 갈문왕 이칠의 딸이고, 왕비는 석씨 광명부인(光明夫人)으로 조분왕의 딸이다. 그의 선조 알지[註 2]가 계림에서 태어나 탈해왕이 거두어 궁중에서 길러 나중에 대보(大輔)로 삼았다. 알지는 세한(勢漢)[註 3]을 낳았고, 세한은 아도(阿道)[註 4]를 낳았고, 아도는 수류(首留)[註 5]를 낳았고, 수류는 욱보(郁甫)[註 6]를 낳았고, 욱보는 구도(仇道)[註 7]를 낳았는데, 구도가 곧 미추의 아버지이다. 첨해(沾解)가 아들이 없자 나라 사람들이 미추를 세웠다. 이것이 김씨가 나라를 갖게 된 시초이다.

[註 1] **미추니사금**(味鄒尼師今)

히브리어 마차 또는 므차(matsa', מָצָא)는 목표에 도달하다, 목표에 미치다, 능력이 되다라는 뜻으로 미추왕 때에 이르러 마침내 김씨 성이 왕권을 차지하였기 때문에 이런 이름이 주어진 것 같다.

[註 2] **알지**('alz, עלז)

히브리어 알지('alz, עלז), 알리츠(allits)는 기뻐하다, 환호하다는 말이다.

[註 3] **세한**(勢漢)

히브리어 시혼(sihon, סִיהוֹן)은 장수, 우두머리라는 뜻이다.

[註 4] **아도**(阿道)

히브리어 아돈(adon, אֲדוֹן)은 (권세 있는) 주, 주인이라는 뜻이다.

[註 5] **수류**(首留)

히브리어 세렌(sehren, סֶרֶן)은 지도자, 우두머리라는 뜻이다.

[註 6] **욱보**

히브리어 우파즈('Uwphaz, אוּפָז)는 금, 정금이라는 뜻이다.

[註 7] **구도**(仇道)

히브리어 가드(gad, גָד)는 복, 행복, 행운을 말한다.

유례니사금
유례니사금이 즉위하다(284년 10월 미상 음력)

유례니사금(儒禮尼師今)[註 1]이 왕위에 올랐다 『고기』(古記)에는 제3대와 제14대 두 왕의 이름을 같이 유리(儒理) 또는 유례(儒禮)

라고 하였으니 어느 것이 옳은지 알 수 없다. 조분왕의 맏아들이다. 어머니는 박씨로 갈문왕 나음(奈音)[註 2]의 딸이다. 일찍이 밤에 다니다가 별빛이 입에 들어와 그로 인해 임신하게 되었다. 유례왕이 태어난 날 저녁에 이상한 향기가 방에 가득하였다.

[註 1] 유례니사금

유례에 해당하는 히브리어 우르 또는 오르('owr, אוֹר)는 빛, 빛을 비추다, 밝게하다라는 뜻이므로 유례니사금이 태어날 때 (별)빛이 입에 들어와 임신하게 되었다는 것 때문에 지어진 이름으로 추정된다.

[註 2] 나음(奈音)

히브리어 나암(na'am, נָעַם)은 기쁨, 즐거움, 사랑스러움이라는 뜻이다.

◆ ◆ ◆ ◆

기림(基臨)니사금
기림니사금이 즉위하다(298년 12월 미상 음력)

기림 또는 기립(基立)이라고도 하였다. 기림니사금[註 1]이 왕위에 올랐다. 조분니사금의 손자이다. 아버지는 이찬 걸숙(乞淑)이다 또는 걸숙을 조분의 손자라고도 하였다. 성품이 너그럽고 후덕하여 사람들이 모두 그를 칭송하였다.

[註 1] 기림니사금(基臨)

기림니사금은 기립(基立)이라고도 하였으며 이에 해당하는 히브리어 길라(giylah, גִּילָה)는 기쁨, 즐거움, 환희라는 말이다. 기림니사금은 당시 사람들이 모두 그를 칭송하였기 때문에 주어진 이름 같다. 즉 기쁨을 주는 왕이었던 것 같다.

◆ ◇ ◆ ◇ ◆

흘해(訖解)니사금
흘해니사금이 즉위하다(310년 6월 미상 음력)

흘해니사금[註 1]이 왕위에 올랐다. 나해왕의 손자이다. 아버지는 각간(角干) 우로(于老)이고 어머니는 명원부인(命元夫人)으로 조분왕의 딸이다. 우로가 임금을 섬기는 데 공이 여러 번 있어 서불한(舒弗邯)이 되자, 흘해의 용모가 뛰어나고 담력이 있으며 머리가 뛰어나 일을 하는 것이 보통사람들과 다른 것을 보고 제후(諸侯)에게 말하였다.

> "우리 집안을 일으킬 사람은 반드시 이 아이일 것이다."
> 이때 이르러 기림(基臨)이 죽고 아들이 없었으므로 군신들이 의논해 말하였다.
> "흘해가 어리지만 노련한 덕이 있다."
> 이내 그를 받들어 세웠다.

[註 1] **흘해니사금**

　히브리어 흘랄르흐(halalah, הָלֲלָה)는 빛나다, 빛이 비치다, 찬양, 자랑의 뜻이다.

◆ ◇ ◆ ◇ ◆

내물 또는 나물(奈勿)니사금
나물니사금이 즉위하다(356년 4월 미상 음력)

　나물니사금(또는 나밀[那密]이라고도 하였다)[註 1]이 왕위에 올랐다. 성은 김씨이고 구도갈문왕[註 2](仇道)의 손자이다. 아버지는 각간 말구(末仇)[註 3]이고 어머니는 김씨 휴례부인(休禮夫人)[註 4]이다. 왕비는 김씨로서 미추왕의 딸이다. 흘해(訖解)가 죽고 아들이 없자 나물이 왕위를 이었다 말구와 미추니사금은 형제이다.

[註 1] 나물(奈勿) (또는 내물) **니사금**

신라 제17대 왕으로 재위 기간은 356-402년이다. 『삼국유사』에서는 이미 마립간으로 기록되어 있는데 미추왕에 이어 김씨로는 두 번째로 왕위에 올랐다. 나물(내물)왕 이후 왕위가 김씨로 세습된다. 즉 강력한 왕권의 확립이 이루어졌다는 뜻이다. 신라의 엄밀한 의미의 건국(고대국가로의 체제정비)은 나물(내물)왕 때부터라 할 수 있다.

나물(내물)에 해당하는 히브리어 나훔 또는 나하밈(nahum, נחום or nahumim, נחמים)은 불쌍히 여기다, 안타깝게 여기다, 측은히 여기다 라는 뜻이다. 백성을 불쌍히 여기고 선정을 베푼 까닭에 주어진 이름인지 아니면 자식 또는 혈족(실성)을 외국에 인질로 보내어(이 기록은『삼국유사』와 차이가 있다) 마음이 안타까워서인지 아니면 갑작스런 왕의 죽음이 안타깝고 가슴 아픈 까닭으로 (왕의 말이 무릎을 꿇고 슬피 울었다는 기록과 같이) 주어진 이름인지 알 수 없으나, 고구려에 인질로 잡혀갔던 실성이 귀국한 후 곧 왕이 돌아간 것은 어딘가 석연치 않은 점이 있다.

신라 제17대 왕으로 재위 기간은 356-402년이다. 미추왕에 이어 김씨로는 두 번째로 왕위에 올랐는데, 나물왕 이후 왕위가 김씨로 세습된다. 신라(新羅)라는 국호를 가지고 중국에 사신을 파견하는 등 나물왕대는 신라사에서 비약적인 발전기로 평가받고 있다. 김대문은 왕호 마립간을 설명하기를 마립은 왕과 신하의 말뚝을 일컫는 뜻이라고 하였으나 이병도는 머리, 마루 등의 말과 같은 어원으로 정상을 의미하는 말로서 마립간을 한문류의 전하, 폐하의 존칭과 같이 보며 상감, 두감 뜻으로 해석하였다(이

병도,『삼국사기』, 을유문화사, p. 72)

그러나 히브리어 멜레크(mellek, מֶלֶךְ), 말르쿠트(malkuth, לְכוּת מַ), 말르캄, 말캄(malkam, מַלְכָּם)은 왕, 군주를 의미한다. 이것의 차음으로 마립간(麻立干)을 사용하였으며 현대 중국어 성경에서는 정확하게 마립간(馬立干)으로 기록되어 있다.

[註 2] 구도(仇道) 갈문왕

히브리어 가드(gad, גַּד)는 복, 행복, 행운을 말한다.

[註 3] 말구

히브리어 말쿠트(malkuth, מַלְכוּת)로 왕권, 왕위, 왕의 위엄이라는 뜻이다. 내물왕의 아버지가 되는 분으로 내물왕 대에 왕호를 마립간으로 정하게 된다. 말구는 미추니사금과는 형제이자 나중에 김씨 세습 왕실을 여는 나물(내물)왕(奈勿王)의 아버지이다. 석씨 유례니사금대에 김씨로서 이벌찬에 등용되었다는 사실은 이 시기에 김씨 세력의 위상이 상당하였음을 시사한다. 말구라는 인명을 볼 때 이미 그 아들인 내물왕 때에 이르러서는 마립간이라는 왕호를 사용하였을 것이라고 생각된다.『삼국유사』에는 내물 마립간으로 기록되어 있다.

[註 4] 휴례부인(休禮夫人)

히브리어 후르(hur)는 귀족, 귀인, 귀하신 분이라는 뜻이다.

실성(實聖)니사금
실성니사금이 즉위하다 (402년 2월 미상 음력)

실성니사금[註 1]이 왕위에 올랐다. 알지의 후손으로 이찬 대서지(大西知)의 아들이다. 어머니는 이리부인(伊利夫人)[註 2] 혹은 기리(企利)로, 아간(阿干) 석등보(昔登保)의 딸이다. 왕비는 미추왕의 딸이다. 실성 은 키가 7척(尺) 5촌(寸)이고 두뇌가 명철하고 사리에 통달해서 멀리 내다보는 식견이 있었다. 나물(奈勿)이 죽고 그 아들이 어려서 나라 사람들이 실성을 세워 왕위를 잇도록 하였다.

[註 1] **실성(實聖)니사금**

히브리어 시스(Sees) 또는 샤손(Shason)은 기쁨이라는 말이다

[註 2] **이리부인**(伊利夫人)

이리와 기리는 동일한 뜻이고, 히브리어 이르(iyr, עִיר)는 기리(企利)라고도 불렸는데 도시, 성읍이라는 말이다. 또한 기르(keer, קִיר)라는 말도 역시 도시, 성읍이라는 말로 동의어이다.

눌지(訥祇)마립간
눌지마립간이 왕위에 오르다(417년 5월 미상 음력)

눌지마립간이 왕위에 올랐다 김대문이 말하였다.

"마립(麻立)이란 방언에서 말뚝을 이른다. 말뚝은 함조(諴操)를 말하는데 지위에 따라 설치했다. 곧 왕의 말뚝은 주(主)가 되고 신하의 말뚝은 그 아래에 배열되었다. 이로 말미암아 [왕의] 명칭으로 삼았다."

『삼국사기』에는 눌지 때에 처음으로 마립간을 왕호로 사용하나 『삼국유사』에는 내물왕 때에 이미 마립간 호칭이 나타난다.

눌지에 해당하는 히브리어 내차(netsach, נֶצַח or נֵצַח)는 광채, 영광, 영예, 빛나다, 광채를 발하다라는 뜻이다.

또는 나찰(natsal, נָצַל)은 위험에서 구출하다, 해방하다라는 뜻이므로 당시 고구려와 왜에 인질로 잡혀갔던 동생 보해(복호)와 미해(미사흔)를 충신 박제상을 통하여 구출(귀국)한 까닭에 이러한 이름이 주어진 것 같다.

자비(慈悲)마립간

자비마립간이 즉위하다(458년 8월 미상 음력)

자비마립간[註 1]이 왕위에 올랐다. 눌지왕의 큰아들이다. 어머니는 김씨로서 실성왕의 딸이다.

[註 1] 자비(慈悲)마립간

신라 제20대 왕으로 재위 기간은 458-479년이다. 자비왕은 수도의 방·리(坊·里) 이름을 정하고, 소백산맥 일대에 축성 사업을 진행하여 대 고구려 방어망을 구축하는데 힘썼다. 자비(慈悲)에 해당하는 히브리어 츠비(tsebiy, צְבִי)는 영광, 명예, 자랑이라는 뜻이다. 불교는 그 후대인 법흥왕 때 비로소 공인되었기 때문에 왕명을 불교식 의미로 자비를 사용하지 않았다.

소지마립간
소지마립간이 즉위하다(478년 2월 미상 음력)

소지(炤知)마립간(또는 비처[毗處][註 1]라고도 하였다)이 왕위에 올랐다. 자비왕의 큰아들이다. 어머니는 김씨로서 서불한(舒弗邯)[註 2] 미사흔의 딸이고, 왕비는 선혜부인(善兮夫人)으로 이벌찬(伊伐湌) 내숙(乃宿)[註 3]의 딸이다. 소지는 어려서부터 부모를 잘 섬기는 행실이 있었고, 겸손과 공손한 마음으로 스스로를 지켰으므로 사람들이 모두 감복하였다.

[註 1] 소지(炤知)마립간

소지는 히브리어 시스(sees, שִׂישׂ)또는 샤손(Shason)을 한자로 표기한 것이며 이것은 기뻐하다, 즐거워하다라는 뜻이다. 또한 비처(毗處)라고도 불렸는데 히브리어 피처 또는 파차(patsach, פָּצַח)는 기뻐하다, 즐거워하다, 환성을 올리다라는 뜻이다. 즉 소지와 비처는 동일한 뜻이다.

[註 2] 서불한

서라벌이 서불로 표기되었으며, 한은 간의 표기로서, 히브리어 카한은 장관, 대신이라는 말이므로 서라벌의 최고등급의 관직이다. 지금의 서울시장에 비할 수 있다.

[註 3] 내숙

히브리어 나시(nasi) 혹은 나시크(nasik)를 한자음으로 표기한 것으로 지도자, 왕, 제사장의 뜻이다. 그러므로 왕족이라는 말이다.

3. 『삼국유사』의 히브리적 해석

1) 신라 시조 혁거세왕

진한 땅에는 예부터 여섯 마을이 있었다. (중략)

여섯 부의 시조는 모두 하늘에서 내려온 듯하다. (중략)

기원전 69년 3월 초하룻날 6부의 조상들이 각각 자제들을 데리고 다 함께 알천 언덕 위에 모여 의논하기를 "우리들이 위로 백성들을 다스릴 만한 임금이 없어 보내 백성들이 모두 방종하여 제멋대로 놀고 있으니 어서 덕이 있는 사람을 찾아내어 그를 임금으로 삼아 나라를 창건하고 도읍을 정하여야 하지 않겠소!"(註1) 하였다.

이때에 모두 높은 데 올라가 남쪽을 바라보니 양산밑 나정(註2) 곁에 이상한 기운이 번개처럼 땅에 드리우더니 웬 흰 말 한 마리가 무릎을 꿇고 절하는 시늉을 하고 있었다.

조금 있다가 거기를 살펴보니 보랏빛 알(註3) 한 개 (또는 푸른빛 큰 알이라고도 한다)가 있고 말은 사람을 보자 울음소리를 길게 뽑으면서 하늘로 올라갔다.

　그 알을 쪼개 보니 형용이 단정하고 아름다운 사내아이가 있었다. 놀랍고도 이상하여 아이를 동천에서 목욕을 시키매 몸에는 광채가 나고 새와 짐승들이 모두 춤을 추며 천지가 진동하고 해와 달이 맑게 빛났다. 따라서 이름을 혁거세왕 혹은 불구내왕(註 4)이라고도 하니 이것은 광명으로써 세상을 다스린다는 말이다. 왕위의 칭호는 거슬한 혹은 거서간(註 5)이라고도 하니, 이는 그가 처음 입을 열 때에 자신을 일컬어 말하기를 알지 거서간이 크게 일어난다 하였으므로, 그의 말에 따라 이렇게 불렀으니 이로부터 임금의 존칭으로 되었다. 당시 사람들이 다투어 축하하여 말하기를 "이제 천자가 이미 이 땅에 내려왔으니 마땅히 덕이 있는 왕후를 찾아서 배필을 정해야 하겠다"고 하였다.

　이날 사량리 알영정(註 6)(또는 아리영정이라고도 한다)에서 계룡이 나타나서 왼쪽 옆구리로부터 여자아이를 낳으니 자색이 뛰어나게 고왔다. 그러나 입술이 닭의 부리 같은지라 월성 북천에 가서 목욕을 시켰더니 그 부리가 퉁겨져 떨어졌으므로 그 하천의 이름도 따라서 발천(註 7)이라 하였다. 궁실을 남산 서쪽 기슭에 짓고는 두 명의 신성한 아이를 모셔 길렀다. 사내아이는 알에서 나왔는지라 알이 박과 같이 생겼고 향인들이 이를 박이라 하므로 따라서 성을 박이라 하였다. 여자아이는 그가 나온 우물 이름으로써 이름을 지었다. 두 성인의 나이가 열세 살이 되자 오봉원년 갑자에 남자는 위에 올라 왕이 되고 이어 여자로써 왕후를 삼았다.

> 나라 이름을 서라벌 또는 서벌이라 하였다. 더러는 사라 또는 사로(註 8)라고도 하며 처음에 왕이 계정에서 났으므로 혹은 일러서 계림국이라고도 하니 계룡이 상서로움을 보여 주었기 때문이다.
> 일설에는 탈해왕 때에 김알지를 얻으면서 숲속에서 닭이 울었으므로 나라 이름을 계림(註 9)으로 고쳤다고 한다. 후세에 와서는 드디어 신라(註 10)라고 이름을 정하였다.

(註 1) 임금을 구하고 도읍을 정하는 목적이 백성들이 모두 방종하여 제멋대로 한다는 것이다. 이것은 성경 사사기의 기록과 관점이 유사하다. 성경에서도 이스라엘 사람들이 왕을 구하는 내용이 그러하다. 사사기 21장 25절을 보면 "그 때에 이스라엘에 왕이 없으므로 사람이 각각 그 소견에 옳은 대로(제멋대로) 행하였더라"라고 기록되어 있다.

(註 2) 나정: 정의 발음이 당시에는 "얼"이였다고 한다. 훗날 소지왕 때에 나얼에 신궁을 세웠다는 기록으로 보아 나정과 나얼은 동일한 지명으로 생각되며, 나얼은 히브리어 "나하르"(nahar, נָהָר)와 관련이 있는 것 같다. 곧 강가의 우물(井) 곁에 나라를 처음 세웠다는 내용이다.

(註 3) 보랏빛 알: 가장 존귀한 색깔이 보랏빛으로 나타낸 것은 서역의 관념과 일치한다. 당시 페니키아는 보랏빛 물감의 생산지로 유

명하였으며, 그리스 로마세계에서 보라색 염료는 왕과 귀족만이 사용할 수 있는 색깔이었다.

(註 4) **혁거세왕 혹은 불구내왕**: "혁"은 밝다는 뜻이고, "불구내"는 "밝은"의 한자를 이용한 이두식 표기이다. 당시 우리의 고유 문자가 없던 시절에 우리말 "밝은"의 표기를 이렇게 한자의 음을 사용하여 기록하였다.

(註 5) **거서간**: 혁거세 왕의 위호 거세, 거서는 동일한 말로써, 히브리어 키세(kisse', כִּסֵּא or kisseh, כִּסֵּה), 키세아크(kisseakh, כִּסְאָךְ)를 표기한 것으로 이것은 왕좌, 보좌를 의미한다. 가장 존귀하신 분이란 뜻이다.

(註 6) **알영**(혹은 아리영): 히브리어 엘욘(Elyon, עֶלְיוֹן)을 표기한 것으로, 가장 높은, 가장 존귀하다는 의미이므로, 왕비의 이름을 의미한다.

(註 7) **발천**: 히브리어 발(bar, בר)은 들, 들판이라는 말이다. 그러므로 발천은 서라벌의 들판을 가로질러 흐르는 강이였던 것 같다.

(註 8) **사로**: 히브리어 사르(sar, שַׂר)를 표기한 것으로, 왕(우두머리)을 뜻한다.
　　서라벌: "서라"는 히브리어 사르(sar, שַׂר)를 표기한 것이고, "벌"은 히브리어 발(bar, בַּר)을 표기한 것이다. 이것은 "땅, 들, 들판"

이란 의미이므로, "서라벌"은 왕의 땅 혹은, 왕의 나라이다. 훗날 이것은 축약하여 "서벌," "쇠벌," "소벌"로 말해졌다.

(註 9) 계림: 글자에 닭의 의미가 들어가므로, 닭의 울음소리나 닭 토템 사상으로 생각하나, 히브리어 키르(keer, קיר)는 도시, 성읍, 국가를 의미한다. 곧 이에 대한 이두식 표기이다. 또는 히브리어 키림 (keerim, קירים)을 의미하며 키르(keer, קיר)의 복수형으로서 알지 세력과 연합하여 3성의 연합국가가 이루어졌다는 말이다.

(註 10) 신라: 히브리어 사르(sar, שׂר)에 대한 표기로 사로, 서라, 서라벌 등이 있고, 또는 신(新)의 훈(뜻)이 새롭다는 뜻이므로 이의 의미를 새겨서 사용한 것 같으며, 사르에 대한 또 다른 표기이다. 기림니사금을 거쳐(이때에는 신라의 발음이 '사로' 였던 것 같다) 지증왕 때 확정된다.

◆ ◆ ◆ ◆ ◆

2) 제2대 남해왕

남해거서간은 또한 차차웅**(註 1)**이라고도 한다. 이는 존장의 칭호이니 오직 이 임금만 이렇게 불렀다. 아버지는 혁거세요 어머니는 알영 부인이요 왕비는 운제부인이라고도 한다.

『삼국사』에서 다음과 같이 이른다. 신라에서는 왕을 거서간이라고 불렀으니 진한의 말로는 왕이란 말이며, 혹은 귀인을 부르는 칭호라고도 한다.

김대문(註 2)이 이르기를 "차차웅은 방언에 무당 이름이다. 세상 사람들이 무당으로써 귀신을 섬기고 제사를 받들므로 이를 외경하다가 마침내 높은 어른을 자충이라 하였다"라고 하였다.

처음에 남해왕이 죽고 그 아들 노례가 왕위를 탈해에게 사양하니 탈해가 말하기를 "내가 들으매 거룩하고 슬기로운 사람은 이가 많다더라" 하면서 곧 떡을 씹어 시험해 보았다. 예로부터 전해오는 이야기가 이렇다.(註 3)

혹은 또 마립간(註 4)이라고도 쓴다. 김대문이 이르기를 "마립이란 것은 방언에 말뚝이란 말이다. 궐표는 직위(서열)에 맞추어 설치하므로 왕의 말뚝이 주장이 되고 신하의 말뚝은 아래로 벌려 서게 되므로 이렇게 이름을 지은 것이다"라고 하였다.

사론에 이르기를 "신라에서 거서간 또는 차차웅으로 부른 임금이 하나씩이요 니사금으로 부른 자가 열여섯이요 마립간으로 부른 자가 넷이다. 신라 말기의 이름난 유학자 최치원이 지은 『제왕연대력』에는 모두 '아무 왕'이라 불렀고 거서간 등으로 부르지 않았으니 그 말이 비루하다 하여 어찌 칭하지조차 않는단 말인가. 여기에 신라의 사적을 기록함에 있어서 방언들을 모두 그대로 두는 것도 역시 옳은 일일 것이다. 신라 사람들이 대개 추봉하여 갈문왕(註 5)이라 일컬었으나 그 까닭을 모르겠다"고 하였다. (중략)

(註 1) 차차웅은 존장의 칭호라고 하며, 자충이라고도 하였다. 김대문은 무당을 가르킨다고 하여 이를 외경의 대상으로 삼았다고 하였다. 히브리어 카친(katseen, קָצִין)은 왕, 장군, 장수라는 뜻이다. 이를 이두식 표기한 것이다. 카친은 자음동화 현상이 일어나 훗날 차친(chatsin)으로 발음된 듯하며, 이를 차차웅, 자충으로 기록하였다.

(註 2) **김대문**: 신라 진골 계급 출신 귀족으로서 『화랑세기』를 기록한 신라 최대의 역사가, 문장가

(註 3) **니사금**: 왕의 호칭으로서 떡을 깨물어서 그 잇금으로써, 왕을 정하였다고 전해오는 이야기를 일연도 의심스러운지 "예로부터 전해오는 이야기가 이렇다"고만 소개한다. 왕의 선택 방법이 떡을 씹어 결정한다는 것은 아마도 믿어지지 않을 것이다. 이것은 김대문 당시 정확한 기록이 없었던 것일까? 히브리어 니샤크(nishak, נָשַׁך)는 씹다, 깨물다는 뜻이기 때문에 니사크와 니샤크를 혼동한 것이다. 히브리어 니사크(nasik, נָסִיך)는 왕 또는 제사장을 말한다.

(註 4) **마립간**: 김대문은 말뚝으로 해석했으나, 히브리어 멜레크(mellek, מֶלֶך), 말캄(malkam, מַלְכָּם)을 표기한 것으로 이것은 왕이라는 의미이다.

(註 5) 갈문왕: 일연은 『삼국사기』의 기록을 그대로 인용했다. 김부식의 저작 당시 추봉왕을 갈문왕이라고 칭했다고 하며, 그 까닭을 모른다고 한 것을 일연도 그대로 인용한 것은 역시 갈문왕의 의미에 대해서 몰랐기 때문일 것이다. 갈문은 히브리어 갈무드(galmud, גלמוד)를 한자음을 빌려 이두식으로 표기한 것으로 이것은 '안타깝게 열매를 얻지 못했거나 결과물을 얻지 못했다'는 말이므로 왕이 될 수 있었지만, 아쉽게 되지 못했다는 말이다. 이것은 곧 갈문왕에 대한 위로와 존숭을 의미한다.

또는 히브리어 골미(golmee, גולמי)를 의미하는 것으로 이것은 우리말의 골무를 표기한 것이다. 골무는 바느질할 때 손가락을 보호하거나, 뿌리골무라하여 식물뿌리의 성장점을 보호하는 기관을 말한다. 갈문왕은 이처럼 왕을 감싸고 보호하는 역할을 하는 왕의 친족이라는 의미이다. 이에 대하여 히브리어 사전은 이것을 명확히 밝히지 못하고 '형겊을 겹친 것, 형겊뭉치' 등으로 해석하고 있다. 오히려 우리말에서 정확하고 자세한 의미가 나타나고 있다.

3) 제3대 노례왕^(註 1)

박노례니질금(한편 유례왕^(註 2)이라고도 한다)이 처음 매부인 탈해에게 왕위를 양보하려 하였다. 그러자 탈해가 말했다.
"대개 덕이 있는 사람이 이빨이 많다고 하니 이빨의 수로서 그것을 시험해 봅시다."
이에 떡을 물어 시험해 보니 노례왕의 이빨이 많았으므로 먼저 즉위하였다. 이로 인하여 니질금^(註 3)이라 하였으며 니질금의 칭호는 이 왕 때부터 시작되었다. (중략) 이때에 비로소 도솔가^(註 4)를 지었는데 차사와 사뇌격이 있었다.

(註 1) 노례: 히브리어 노르(nor, רונ)를 이두식으로 표기한 것으로, 빛을 의미한다.

(註 2) 유례: 『삼국사기』에서는 유리라고 기록되어 있으며, 이것은 히브리어 우르(woor, רוע)를 이두식으로 표기한 것으로, 빛을 의미한다. 그러므로, 노례와 유례는 똑같은 의미이다.

(註 3) 니질금: 『삼국사기』에서는 니사금으로 되어 있으며, 니사금과 니질금은 같은 발음이거나 아니면, 오기인 것 같다. 히브리어 니사크(nasik, ךסנ)는 제사장, 왕이라는 의미이고, 이를 한자음을 빌려 이

두식으로 표기한 것이다. 이것이 닛금 → 잇금 → 임금으로 되었다.

(註 4) 도솔가: 『삼국사기』에서 유리왕때 백성의 여유롭고 풍요로운 삶을 노래했다고 한다. 히브리어 다샨(dashen, דָּשֵׁן), 도셴은 부유, 풍요, 여유라는 뜻이다. 차사와 사뇌격이 있었다고 하는 것은 향가(당시 불리워지던 노래)의 내용과 형식으로 분류한 것으로, 차사는 히브리어 챠아크(cha-ak, צָעַק)가 울다, 소리치다는 말이므로, 서정적인 노래로서 감탄사가 포함된 향가일 것이다. 그리고 사뇌격은 히브리어 샤나(שָׁנָה)는 선포하다, 선언하다, 널리 알리다, 계속적으로 반복하여 말하다는 말이므로 국가나 사회적으로 백성을 훈육하거나 격려하여 부르는 노래이다.

◆ ◇ ◆ ◇ ◆

4) 제4대 탈해왕

탈해치질금은 토해니사금(註 1)이라고도 한다. (중략)

가락국(註 2)의 바다에 어떤 배가 와서 닿았다. 가락국의 수로왕(註 3)이 신하 및 백성들과 더불어 북을 치고 환호하며 맞이 해곧 가락국에 머무르게 하려 했으나 배가 급히 나는 듯이 달려 계림의 동쪽 하서지촌 아진포(註 4)에 이르렀다.

당시 포구의 해변에 한 할멈이 있었으니 이름은 아진의선(註 5)

이라 하였는데, 이가 바로 혁거세왕 때의 고기잡이 할머니였다. 아진의선이 배를 바라보며 말하기를 "본시 이 바다 가운데에 바위가 없는데 어찌해서 까치가 모여서 울고 있는가?" 하고 배를 끌어당겨 살펴보니 까치가 배 위로 모여들고 배 안에 상자 하나가 있었다. 길이는 20자이고 넓이는 13자였다. 그 배를 끌어다가 나무 숲 밑에 매어두고 이것이 흉한일인지 길한 일인지를 몰라 하늘을 향해 고하였다. 잠시 후 궤를 열어보니 단정히 생긴 사내아이가 있고, 또 일곱 가지 보물과 노비가 그 속에 가득하였다.

칠일(註 6) 동안 잘 대접하였더니 이에 사내아이가 말하였다.
"나는 본시 용성국(정명국이라고도 한다 또는, 완하, 화하국이라고도 한다. 용성은 왜의 동북 일천리에 있다)(註 7) 사람으로서 우리나라에 일찍이 이십팔 용왕이 있는데, 모두 다 사람의 태에서 태어나 5~6세 때부터 왕위에 올라 만민을 가르치고 정성을 닦았습니다. 그리고 팔품의 성골이 있지만 선택하는 일이 없이 모두 왕위에 올랐습니다.

이때 우리 부왕 함달파(註 8)가 적녀국의 왕녀를 맞이하여 왕비로 삼았는데 오래도록 아들이 없으므로 자식 구하기를 기도하여 7년(註 6)만에 커다란 알 한 개를 낳았습니다. 이에 대왕이 군신들을 불러 모아 말하기를 '사람이 알을 낳는 것은 예로부터 지금까지 없었던 일이니 이것은 좋은 일이 아닐 것이다' 하고 궤를 만들어 나를 넣고 더불어 일곱 가지 보물(註 6)과 노비들을 함께 배 안에 실은 후, 바다에 띄워놓고 축언하여 이르기를, '인연이 있는 곳에 닿는 대로 나라를 세우고 집을 이루라'하였습니다. 그러자 붉은 용이 나타나 배를 호위하고 여기까지 오게 된 것입니다."

말을 끝내자 그 아이는 지팡이를 끌며 두 종(註 9)을 데리고 토함산 위에 올라가 돌집(註 10)을 지어 칠일(註 6) 동안 머물렀다.

성 안에 살만한 곳을 찾아보니 마치 초승달 모양으로 된 봉우리가 하나 보이는데 지세가 오랫동안 머물만한 곳이었다. 이내 내려와 그 곳을 찾으니 바로 호공의 집이었다. 이에 지략을 써서 몰래 숫돌과 숯을 그 집 곁에 묻어놓고 다음날 아침 일찍이 문 앞에 가서 말했다.

"이 집은 조상 때부터 우리 집입니다."

호공(註 9)이 답했다.

"그렇지 않다."

이에 서로 다투었으나 시비를 가리지 못하였다. 그래서 관가에 가서 고하여 묻기로 하였다.

관원이 물어보았다.

"그 집이 너의 집임을 무엇으로 증명하겠느냐?"

그 아이가 말하였다.

"우리는 본래 대장장이(註 10)였는데 얼마 전 이웃 고을에 다녀간 사이에 그 집을 다른 사람이 빼앗아 살고 있으니 청컨대 그 땅을 파서 조사하게 해주십시오."

그의 말대로 하니 과연 숫돌과 숯이 나왔으므로 이에 그 집을 취하여 살게 하였다. 이때 남해왕은 그 아이, 즉 탈해가 지혜로운 사람임을 알아보고 맏 공주를 그에게 시집보내었는데 이가 바로 아니부인(註 11)이다.

하루는 탈해가 동악(토함산을 말함)에 올랐다가 돌아오는 길에 하인을 시켜 물을 떠 오게 하였다. 그 하인은 물을 떠 오다가 도중에 자기가 먼저 마시고 드리려 하였다. 그런데 물그릇 한쪽에 입이 붙어 떨어지지 않았다. 탈해가 이로 인하여 그를 꾸짖자 그 하인이 맹세하여 말하였다.

"이후로는 가까운 곳이든 먼 곳이든 감히 먼저 맛보지 않겠습니다."

그 이후에야 비로소 입에서 떨어졌다. 이후로 하인은 탈해를 두려워하여 감히 속이지 못했다. 지금 동악 속에 우물 하나가 있어 세상 사람들이 요내정(註 13)이라 하는데 이것이 바로 그 우물이다.

노례왕이 세상을 떠나자 광호제 중원 2년 정사 6월에 탈해가 왕 위에 올랐다. 옛날에 자기 집이라 하여 남의 집을 빼앗은 까닭에 성을 석씨로 하였다. 혹은 까치 덕분에 상자를 열 수 있었기 때문에 새 조를 떼고 성을 석씨로 삼았다고도 한다. 그리고 궤를 열어서 알을 깨고 태어났기 때문에 이름을 탈해라 했다고 한다.(註 14) (중략)

재위 23년만인 건초 4년 기묘에 세상을 떠났다. 소천구 속에 장사를 지냈는데 그 후 신이 명령하여 말했다.

"내 뼈를 조심스럽게 묻어라."

그 유골의 둘레는 3척 2촌이고 몸 뼈의 길이는 9척 7촌이나 되었다. 치아는 서로 붙어 마치 하나가 된 듯하고 뼈마디사이는 모두 이어져 있었다. 이는 소위 천하에 당할 자 없는 역사의 골격이었다. (중략)

왕의 꿈에 외모가 매우 위엄있고 용맹한 노인이 나타나 말하였다.

"내가 바로 탈해다."

"소천구에서 내 유골을 파내어 소상을 만들어 토함산에 안치해 달라!"

왕은 그 말을 따랐다. 그런 까닭에 지금까지 국가의 제사가 끊이지 않으며 그를 바로 동악 신(註 15)이라 부른다.

(註 1) 토해니사금: 탈해는 토해라고도 하였는데, 탈해는 히브리어 티프라흐 (tipharh, הראפת) 또는 트틸라흐(thillah)를 표기한 것으로 이것은 영광, 영화, 번영하다는 말이고, 토해는 히브리어 토핼레트(t'ohelleth, תוחלת)를 표기한 것으로 희망, 기대, 소망이란 뜻이다. 탈해의 삶이 그만큼 꿈과 희망을 가지고 끊임없이 추구하는 열정적인 사람이었던 것 같다. 『삼국유사』 가락국기를 보면 가야의 왕 수로와 다투는 장면이 나오고 그 결과 패하여, 계림으로 가서 아진의선 노파에게 의지하여 지내다가 호공을 꺽고, 마침내 신라의 왕으로 등극한다. 그러기에 신라 사람들은 토함산의 산신으로 받드는 이야기가 전해진다.

(註 2) 가락국: 가야의 수로왕이 중심이 되어 세운 나라로서 히브리어 키르(keer, קיר), 키랴(keeryat, קרית)을 이두식으로 기록하였다. 가야는 구야라고도 하였는데, 히브리어 고이(goy, גוי) 또는 고야(goya)를 표기한 것으로 이의 뜻은 민족, 백성, 국가라는 말이다.

(註 3) 수로왕: 가야의 초대왕으로 수릉이라고도 하였는데, 히브리어 사르(sar, שר)를 표기한 것이다.

(註 4) 아진포구: 탈해왕이 표류하여 도착한 곳으로 지금의 경북 감포와 양남 사이에 있다. 현재 월성 원자력 발전소 자리로 알려져 있다. 아진이라는 말은 히브리어 아젠('azen, אזן)으로 강하다, 강한 무장, 무기, 군사력을 말한다.

(註 5) 아진의선: 아진포의 해상 무장 세력의 우두머리로 아진은 히브리어 아젠('azen, אזן)을 한자음을 빌려 기록하였고, 의선은 히브리어 이샤(yisha, הישא)를 표기한 것이며, 이는 여자, 여인, 여장부라는 뜻이므로 당시 뛰어난 군사력을 지닌 여성 지도자 즉, 여장부(할머니)가 있었던 것 같다.

(註 6) 칠일, 칠년: 동양(중국 중심)의 숫자 개념에서는 칠 자가 빈번하지 않으나 이스라엘에서는 칠의 숫자는 완전함과 신께서 정해주신 숫자라는 개념이 있다. 이러한 배경에서 기록되었다.

(註 7) 용성은 왜의 동북 일천리에 있다: 신라와 가야에서 건국기록에

서, 왜국과의 관련성이 많이 나타난다. 이에 대해서는 조금 더 연구가 필요할 것 같다.

(註 8) 함달파: 『삼국사기』에서는 다파나국의 왕으로 나오는데 함달파의 함은 그 뜻이 한이다. 한은 크다, 많다라는 우리말이다. 함달파의 달파와 다파나의 다파는 동일한 말이다. 히브리어 티파라흐(tipharh, תפארה)를 이두식으로 차음하여 기록한 것인데 이것은 '영광, 영화'라는 뜻이므로 함달파 국은 큰 영광, 큰 영화를 누리고 있는 나라라는 뜻이다. 탈해라는 말도 히브리어 티파라흐(tipharh, תפארה)를 음을 차음한 말로써, 그러므로 탈해는 자신의 출신국의 이름으로 자신의 이름을 지었다. 또는 트힐라흐(tehillah, תהלה)는 명성, 명예, 영광, 영화라는 뜻이다.

(註 9) 두 종: 탈해가 두 종을 데리고 토함산에 올라가 칠일간 돌집을 짓고 있었다는 것은 탈해 휘하의 세력과 아진의선의 세력이 연합하여 양산 아래의 중앙부로 진출하였다는 것이다.

(註 10) 돌집: 진영이나 막사 등 군대 장비나 시설물을 의미하는 것 같으며, 철제무기와 압도적 군사력으로 토함산에서 농성하며 무력시위를 보여줌으로써, 큰 충돌 없이 호공의 세력을 제압하였다는 것을 말해준다. 그리하여 남해왕의 사위가 되며 대보로 임명되어 중앙으로 진출하고, 결국 훗날 왕으로 등극할 수 있었다. 이러한 탈해의 생은 당시 신라 사람에게 크게 인상적이었던 것 같으며, 훗날 산신으로까지 추앙받게 된다.

(註 9) 호공: 왜국 출신으로 기록되어 있으며, 호(박)를 차고 있어서 호공이라 불렀다고 하는데, 히브리어 호르(Hor, חור)는 귀족, 귀인을 말하므로 당시 높은 위치의 관직을 가진 인물이다.

(註 10) 대장장이: 당시 철기를 가공. 생산하는 기술을 가졌다는 것은 강력한 군사력과 제철기술을 보유했다는 것이다. 이런 선진기술을 가진 군사집단에게 호공의 세력은 당해낼 수 없었을 것이다.

(註 11) 아니부인: 히브리어 아니(ahni, אני)는 겸손하다, 순종하다는 뜻이므로 탈해왕의 왕비는 훗날까지 그이름이 전해져 내려올 만큼 훌륭한 성품의 여성이었던 것 같다.

(註 13) 요내정: 탈해의 하인이 예절에 어긋나게 주인보다 먼저 물에 입을 대므로 해서 혼이 나는 모습이 나오는데, 이로 인하여 요내정이라는 우물의 이름이 기록된 것은 히브리어 요내(yohnai, יאוני)는 겸손하게 하다, 굴복 시키다는 뜻이므로 장유유서의 예절과 군신의 신뢰관계의 중요성을 보여주며 탈해의 신비적 능력과 권위를 나타낸다.

(註 14) 탈해왕이 궤를 열어서 알을 깨고 태어났기 때문에 이름을 탈해라 불렀다는 것은 너무 문자에 얽메인 탓이다. 탈해는 히브리어 티파라흐(tipharh, תפארה)를 이두식으로 그 음을 표기한 것이다. 이것은 영광, 영화, 번영하다라는 말이다.

(註 15) **동악신**: 동악은 토함산을 말하며, 훗날 탈해왕이 동악신이 되었다는 말처럼 탈해는 토함산의 산신으로 추앙될 만큼 경주(신라)사람들에게 깊은 인상을 준 왕 이었던 것 같다. 신라왕 중에 그 누구도 산신으로 숭앙되는 왕은 없기 때문이다. 토함은 탈해, 토해와 같은 말의 표기이고, 결국 토함산은 탈해왕의 산인 것이다.

◆ ◇ ◆ ◇ ◆

5) 김알지(탈해왕대)

영평 3년 경신 밤에 월성 서리를 가는데 시림(구림이라고도 한다)[註 1] 의 가운데 크고 밝은 빛이 있으며, 자색 구름[註 2]이 하늘로부터 땅에 뻗쳐 내려온 것을 보았다. 구름 속에 황금 상자[註 3]가 있는데 나뭇가지에 걸려 있고 빛은 상자로부터 나오며 흰 닭[註 4]이 나무 밑에서 울고 있었다.

호공[註 5]이 그대로 이것을 왕에게 아뢰었다. 왕이 친히 숲에 나가서 그 상자를 열어 보니 사내아이가 있었는데, 누워있던 아이가 바로 일어났다. 이것은 마치 혁거세의 고사와 같으므로 그 아이 이름을 알지[註 6]라 하였다. 알지는 우리말로 아이를 일컫는 말이다. 왕이 그 그가 금상자에서 나왔으므로 김씨를 성으로 삼았다. 알지는 세한('열한'?)을 낳았고, 세한은 아도를 낳고 아도는

> 수류를, 수류는 욱부를 낳고 욱부는 구도라고도 한다.(註 7) 구도
> 는 미추(註 8)를 낳았는데, 미추가 왕위에 즉위하니 신라 김씨는
> 알지로부터 시작된 것이다.

(註 1) 시림: 시림은 사라, 서라, 서라벌을 표기한 것이고, 이것은 히브리어 사르(sar, שׂר)를 말하며, 왕, 우두머리, 장수란 뜻이다. 또는 사림(שׂרים)을 표기한것으로서 이는 사르(sarrf)의 복수형이다. 구림은 계림과 동일 뜻의 말이며, 히브리어 키르(keer, קיר), 키럇(keeryat, קירית)을 표기한 것이며, 또는 이것은 키림(keerim קירים)을 의미하며 키르(keer, קיר)의 복수형으로서 도시, 성읍, 국가란 뜻이다. 결국 세력과 국가의 규모가 확장된 것이다.

(註 2) 자색 구름: 자색(자주빛, 보랏빛)은 서역(서방)에서 황제나 귀족이 사용할 수 있는 색깔이다.

(註 3) 황금상자: 고대시대부터 황금은 가장 귀한 보물로 여겨졌다. 그러므로 황금상자에서 탄생한 왕이라는 것은 가장 고귀한 왕이라는 것이다. 이러한 것으로 인해 북방 유목민족 흉노 또는 스키타이족과 연결하기도 한다.

(註 4) 흰닭: 계림이란 지명과 국호가 여기서 비롯되었다고 하는데, 이것은 너무 문자에 치우친 해석이다.

(註 5) 호공: 혁거세왕 때 마한을 찾아가서 항의하는 장면이 나오는가 하면, 여기서는 알지를 발견하는 큰 공로를 세운다. 알지 세력을 영입하므로 해서 사로(서라벌)는 계림(히브리어 키르[keer, קיר]의 복수형 키림[keerim קירים], 국가)으로 발전할 수 있었다. 호공은 외교적 능력과 국가 발전에 큰 기여를 한 것으로 생각된다.

(註 6) 알지: 아기라고 해석을 하였으나, 국가 지도자를 아기라고 비하하여 칭할 리가 없다. 알지는 히브리어 알지('alz, עלז), 알라츠('alats, עלץ)를 이두식으로 표기한 것으로 이것은 기뻐하다, 환호하다, 환성을 올리다 이므로, 새와 짐승들이 서로 따르며 기뻐하면서 춤추고 뛰어 놀았다라는 내용과 일치한다. 이것은 혁거세 거서간으로 취임할 때도 알지 거서간으로 표현하였다.

(註 7) 알지의 후손:『삼국사기』미추왕조를 참고한다.

(註 8) 미추는 김씨 최초로 왕위에 오른 인물이다. 히브리어 마차(matsa' מצא), 미차, 므차를 이두식으로 표현한 것으로 이것은 마침내 도달하다, 맞이하다 등의 뜻이므로, 알지 이후 긴 세월 후에 드디어 왕위에 오른 미추왕의 이름이다. 결국 미추왕은 '마침내 이루어낸 왕'이라는 뜻이다.

6) 제17대 나밀왕^(註 1)과 김제상^(註 2)

36년 경인에 왜왕이 사신을 보내 와서 고하였다.

"우리 임금이 대왕께서 신성하다는 말을 듣고 신 등을 시켜 백제가 지은 죄를 대왕에게 아뢰게 하는 것이오니, 원하옵건대 대왕께서는 왕자 한 분을 보내어 우리 임금에게 성심을 나타내시기 바랍니다."

이에 왕은 셋째 아들 미해(미토희라고도 한다)^(註 3)를 왜국에 보냈는데 이때 미해의 나이가 열 살이었다. 말과 행동이^(註 4) 아직 익숙지 않았으므로 내신 박사람^(註 5)을 부사로 삼아 왜국에 보냈다. 왜왕이 이들을 억류하여 30년 동안이나 보내지 아니하였다.^(註 6)

(註 1) 나밀왕은 내물왕 등으로 말해지는데, 이것은 히브리어 나하밈(nahamim, נחמים)을 한자로 표기한 것으로 이것은 불쌍하다, 가슴아프다, 안타깝다 라는 말이다. 당시 이 왕이 일찍 세상을 떠났기 때문에 안타까움을 나타낸 왕호가 아닌가 생각한다. 아니면 사랑하는 아들 미해를 왜국에 인질로 보냈기 때문에 너무 가슴 아픈 세월을 보낸 까닭일까 당시 왜국은 신라의 왕자를 인질로 잡아가서 30년 동안이나 본국에 보내주지 않을 정도로 횡포였고, 신라를 압박할 정도로 강력한 왕국을 이루었던 것 같다.

(註 2) **김제상**: 『삼국사기』에는 박제상으로 기록되어 있는데 일연은 왜 성씨를 달리 기록하였을까 하는 의문이 든다. 아마 김제상(박제상) 때까지도 신라에는 성씨를 사용하지 않은 것 같다. 후대에 이르러 소급하여 성씨를 정하고, 기록한 것 같다. 제상이라는 이름은 히브리어 치츠(cheets, ציץ), 치스는 빛나다, 꽃, 꽃이 피다라는 말이다. 이의 한자표기이다. 신라의 왕이나 귀족 층은 빛, 영광, 영화, 꽃 등의 이름을 많이 사용하였다.

(註 3) 미해 또는 미토희는 『삼국사기』에는 미사흔으로 되어있는데, 이것은 토(吐) 자가 사(士)오기인 것 같다. 이는 히브리어 마씨아흐(masheah, האשמ), 메시아흐를 한자로 기록한 것으로 이는 기름 부음을 받은자, 왕, 제사장, 예언자 등을 의미하는 최고의 귀하신 분이라는 뜻이다. 그러므로 미사흔은 왕의 고귀한 아들이라는 뜻이 드러난다(이 말에서 히브리어 메시아와 그리스어의 크리스토스[christos]가 되며 이 말은 기독교의 예수 크리스트 즉 메시아[구세주] 예수를 뜻하는 용어가 된다.).

(註 5) 박사람은 '어떤 사람을 말한다'는 견해도 있지만, 히브리어 사르(sar, שר)는 우두머리 장군, 장수 등의 뜻이다. 헌화가로 유명한 수로부인의 경우도 어떤 귀족의 부인이라는 뜻일 것이다. 박사람은 어린 미해(미사흔)를 보좌해서 왜국에 보낸 왕족이나 귀족이다.

(註 6) 30년 동안의 미해의 억류생활에도 왜국은 미해를 돌려보내지

않았고, 아마도 더 긴 세월 동안의 장기적인 억류생활이나 위험한 상황을 피할 수 없었던 것 같다. 그러므로, 눌지왕은 비정상적인 방법으로 귀국을 서두른 것 같다.

◆ ◇ ◆ ◇ ◆

7) 눌지왕(註 1)

3년 기미에 이르러 고구려 장수왕이 사신이 보내 와서 고하였다. "우리 임금님께서 대왕의 아우 보해가 지혜와 재주를 갖추었다는 소식을 듣고 서로 가깝게 지내기를 원하여 특별히 소신을 보내어 간청하기에 이르렀습니다."

왕은 이 말을 듣고 매우 다행스럽게 생각하여 이로 인해 화친을 맺기로 하고 아우 보해에게 명하여 고구려로 보냈는데, 이때 내신 김무알(註 2)을 보좌로 하여 고구려에 보냈다. 장수왕도 또한 억류하고 돌려보내지 아니하였다.(註 3)

눌지왕 10년 을축에 왕이 친히 여러 신하와 나라 안의 여러 호협한 사람들을 모아 잔치를 베풀었는데, 술이 세 순배 돌게 되자 모든 음악이 시작되었다. 왕이 눈물을 흘리면서 여러 신하에게 일러 말하였다.

"옛날 아버님께서는 성심으로 백성의 일을 생각하셨기 때문에 사랑하는 아들을 동쪽의 왜로 보냈다가 다시 못 보고 돌아가

시었고 내가 왕위에 오른 후에는 이웃 나라의 군사가 강하여 전쟁이 그치지 않았소. 고구려만이 화친을 맺자는 말이 있었으므로 내가 그 말을 믿고 아우를 고구려에 보내었소. 그런데 고구려에서도 아우를 억류해 보내지 않고 있으니, 내가 비록 부귀를 누린다 하여도 일찍부터 하루라도 이들을 잊거나 울지 않는 날이 없소. 만일 두 아우를 만나 함께 선왕의 사당을 보게 될 수만 있다면, 나라 사람에게 은혜를 갚으려 하오. 누가 능히 이 계책을 이룰 수가 있겠소."

이 말을 듣고 백관이 모두 말하였다.

"이 일은 결코 쉬운 일이 아닙니다. 반드시 지혜와 용맹이 있어야 가능합니다. 신들의 생각으로는 삽라군 태수로 있는 제상이 가할까 합니다."

이에 왕이 불러서 묻자 제상은 두 번 절하고 대하여 아뢰었다.

"신이 들은 바에 따르면 임금에게 근심이 있으면 신하는 욕을 당하고, 임금이 욕을 당하면 그 신하는 죽는다고 하였습니다. 만일 일의 어려움과 쉬운 것을 헤아려서 행한다면 이는 불충성한 것이며, 죽고 사는 것을 생각하여 행한다면 이는 용맹이 없다고 할 것이니, 신이 비록 불초하나 명을 받들어 행하기를 원합니다."

왕은 그를 매우 가상스럽게 생각하여 술잔을 나누어 마시고 손을 잡아 작별했다. 제상이 왕 앞에서 명을 받고 바로 북해로 길을 떠나 변복을 한 다음 고구려로 들어갔다. 보해가 있는 곳으로 가 함께 도망할 날짜를 약속하고 제상은 먼저 5월 15일 고성의 수구로 돌아와 배를 대어 놓고 기다렸다. 약속한 기일이

가까워지자 보해는 병을 핑계로 며칠 동안 조회에 나가지 아니 하다가 야음을 틈타 도망하여 고성의 바닷가에 이르렀다. 고구려왕이 이 일을 알고 수십 명의 군사를 시켜 그를 뒤쫓게 하였다.

고성에 이르러 따라 붙었으나 보해가 고구려에 있을 때 늘 좌우 사람들에게 은혜를 베풀었기 때문에 군사들은 그가 다치는 것을 안타까이 여겨 모두 화살촉을 뽑고 쏘아 드디어 부상당하지 않고 돌아올 수 있었다.

눌지왕은 보해를 보자 미해가 더욱더 생각나 한편으로 기쁘고, 한편으로 슬펐으므로 눈물을 흘리면서 좌우의 사람들에게 말을 하였다.

"마치 몸에 한쪽 팔만 있고 얼굴에 한쪽 눈만 있는 것 같아서 비록 하나는 얻었으되 하나는 잃은 상태이니 어찌 마음이 아프지 않으랴."

이때 제상은 이 말을 듣고 두 번 절을 한 다음 왕에게 다짐하고 말에 올라타 집에 들르지도 않고 달려 바로 율포의 해안가에 이르렀다. 제상의 아내가 이 소식을 듣고 말을 달려 율포에 이르렀으나 남편이 벌써 배에 타고 있는 것을 보았다. 아내가 그를 간절히 부르자 제상은 다만 손만 흔들어 보일 뿐 멈추지 않았다.

그는 왜국에 도착하여 거짓으로 꾸며 말하였다.

"계림왕이 아무런 죄도 없이 제 아비와 형을 죽였으므로 도망하여 이곳에 이른 것입니다."

이에 왜왕은 이 말을 믿고 제상에게 집을 주어 편안히 머무르게 하였다. 이때 제상은 항상 미해를 모시고 해변에 나가 놀았다. 그리고 물고기와 새와 짐승을 잡아서 매번 왜왕에게 바쳤다. 왜왕은 매우 기뻐하여 조금도 그를 의심하지 않았다. 어느 날 새벽 아침 안개가 자욱하게 끼었다. 제상이 말하였다.
"지금이 떠날 만 합니다."
미해가 권하였다.
"그러면 같이 갑시다."
제상이 답했다.
"만일 신이 같이 떠난다면 왜인들이 깨닫고 추격할까 염려됩니다. 바라건대 신은 이 곳에 남아 그들이 추격하는 것을 막겠습니다."
미해가 말했다.
"지금 나는 그대를 부형처럼 생각하고 있는데 어찌 나 홀로 돌아가겠소."
제상이 말하였다.
"신은 공의 목숨을 구하는 것으로써 왕의 심정을 위로할 수 있다면 그것으로 만족할 뿐입니다. 어찌 살기를 바라겠습니까?"
이 말을 하고는 술을 따라 미해에게 드렸다. 이때 계림 사람 강구려가 왜국에 와 있었는데 그로 하여금 모시게 하여 미해를 보내었다. 제상은 미해의 방에 들어가서 이튿날 아침까지 있었다. 미해를 모시는 사람들이 들어와 보려 하였으나 제상이 나와 그들을 가로막으며 말하였다.

"미해공이 어제 사냥하느라 몹시 피로해서 아직 일어나지 못하십니다."

그러나 저녁 무렵 좌우 사람들이 그것을 이상히 여겨 다시 물었다. [제상이] 대답하였다.

"미해공은 떠난 지가 이미 오래 되었다."

좌우 사람들이 왜왕에게 달려가 이를 고하자 왕이 기병을 시켜 그를 쫓게 하였으나 따라가지 못하였다. 이에 제상을 가두어 두고 물었다.

"너는 어찌하여 너희 나라 왕자를 몰래 보내었느냐?"

그러자 제상이 대답하였다.

"나는 오로지 계림의 신하이지 왜국의 신하가 아니오. 나는 단지 우리 임금의 소원을 이루게 했던 것 뿐이오. 어찌 당신에게 말할 수 있었겠소"

왜왕은 노하여 이르렀다.

"이미 너는 나의 신하가 되었는 데도 감히 계림의 신하라고 말하느냐. 그렇다면 반드시 오형을 모두 쓸 것이나 만약 왜국의 신하라고 말을 한다면 필히 후한 녹을 상으로 줄 것이다."

제상이 대답하였다.

"차라리 계림의 개, 돼지가 될지언정, 왜국의 신하는 되지 않겠다. 차라리 계림의 형벌을 받을지언정 왜국의 작록은 받지 않겠다."

왜왕이 노하여 제상의 발 가죽을 벗기고 갈대를 베어 그 위를 걷게 하였다. 지금 갈대의 붉은 빛깔이 나는 것은 제상의 피라고 한다. 왜왕이 다시 물었다.

"너는 어느 나라 신하인가?"

그러자 제상이 답하였다.

"나는 계림의 신하다."

왜왕은 쇠를 달구어 그 위에 제상을 세워 놓고 물었다.

"너는 어느 나라 신하인가?"

이번에도 제상이 답하였다.

"나는 계림의 신하다."

왜왕은 제상을 굴복시키지 못할 것을 알고 목도(註 4)라는 섬에서 불 태워 죽였다. 미해는 바다를 건너와서 강구려(註 5)를 시켜 먼저 나라 안에 사실을 알렸다. 눌지왕은 놀라고 기뻐서 백관들에게 명하여 굴헐역(註 6)에서 맞이하게 하였고 왕은 아우 보해와 더불어 남교에서 맞이하였다. 대궐로 맞아 들여 잔치를 베풀고 국내에 대사면령을 내리고 제상의 아내를 국대부인으로 봉하고 그의 딸을 미해공의 부인으로 삼았다.

처음 제상이 출발하여 떠날 때에 제상의 부인이 그 소식을 듣고 뒤를 쫓았으나 따라가지 못하고 망덕사 문 남쪽의 모래 언덕 위에 이르러 주저앉아 길게 울부짖었다. 그런 까닭에 그 모래 언덕을 장사(註 7)라고 하며, 친척 두 사람이 그 부인의 겨드랑이를 붙들고 집에 돌아오려고 하였으나 부인이 두 다리를 뻗쳐 일어서지 않으려 했다. 이에 그 땅을 벌지지(註 8)라 불렀다. 오랜 후에도 부인은 남편을 사모하는 생각을 이기지 못하여 세 딸을 데리고 치술령(註 9)에 올라가 왜국을 바라보며 통곡하다가 죽었다. 그래서 부인을 치술신모라고 하는데 지금도 사당이 있다.

(註 1) **눌지왕**: 히브리어 나찰(natsal, נצל)은 구출하다, 구원하다라는 의미이므로, 인질로 갔던 미해와 보해를 구하여 귀국시킨 까닭에 지어진 왕호 같으며, 히브리어 느차(netsach, נצח)는 빛, 영화라는 뜻이다.

(註 2) **김무알**: 히브리어 마알(maal, מעל)은 높은, 높은 곳을 의미함으로 지도층 인물을 의미한다. 우리말의 마루, 말루의 의미이다.

(註 3) 당시 강대한 고구려 세력에 눌려 신라는 고구려에 의지하여 나라를 유지할 수밖에 없었고, 이에 인질로 보해를 보낼 수밖에 없었다.

(註 4) **목도** : 대마도로 알려져 있다.

(註 5) **강구려**: 히브리어 키르(keer, קיר), 키럇(keeryat, קרית)은 성읍, 도시, 국가이므로, 이의 차음이 구려이며, 아마 왕족이나, 귀족인 것 같다.

(註 6) **굴헐역**: 히브리어 구르(goor, גור)는 머물다, 숙박하다이므로 당시에 관리들이 체류할 숙박시설이나 휴게시설이 설치되어 있었던 것 같다.

(註 7) **장사**: 길게 울었다 하여, 지어진 이름이라는데, 히브리어 자크(za-ak, זעק)는 울다, 통곡하다이므로, 박제상의 부인이 통곡한 모래밭이란 뜻이다.

(註 8) 벌지지: 양 다리를 뻗치다에서 온 지명인데, 히브리어 팔세지 (parseze, פרשׂ)는 펼치다, 뻗치다는 뜻이다. 이의 차음으로 벌지지를 사용했으며, 우리말의 뻗치다, 펼치다의 기원이 약 1500년 전 신라시대 까지 거슬러 올라간다.

(註 9) 치술령: 박제상 부인이 산꼭대기에 올라서 바다를 바라보며 통곡하다 망부석이 되었다는 전설이 내려오는 산인데, 히브리어 치스(chees, ציץ), 치스는 바라보다, 보다는 뜻이다. 이것은 첨성대란 말에서도 나타난다. 별을 바라본다는 뜻이다.

◆ ◇ ◆ ◇ ◆

8) 헌강왕, 용의 아들인 처용을 얻다

대왕이 개운포(지금의 울산광역시 울주)에 나가 놀다가 바야흐로 돌아가려 했다. 낮에 물가에서 쉬는데 갑자기 구름과 안개가 자욱해져 길을 잃게 되었다. 왕은 괴이하게 여겨 좌우에게 물으니 일관이 아뢰었다.

"이것은 동해 용의 조화이오니 마땅히 좋은 일을 행하시어 이를 풀어야 될 것입니다."

이에 유사에게 칙명을 내려 용을 위해 그 근처에 절을 세우도록

했다. 왕령이 내려지자 구름이 개이고 안개가 흩어졌다. 이로 말미암아 개운포라고 이름하였다. 동해의 용은 기뻐하여 이에 일곱 아들을 거느리고 왕 앞에 나타나 왕의 덕을 찬양하여 춤을 추며 풍악을 연주하였다. 그 중 한 아들이 왕의 수레를 따라 서울로 들어와 정사를 도왔는데 이름은 처용(註 1)이라 하였다.

왕이 아름다운 여인을 처용에게 아내로 주어 그의 마음을 잡아두려 하였고, 급간의 벼슬을 내렸다. 그 처가 매우 아름다워 역신이 그녀를 흠모해 사람으로 변하여 밤에 그 집에 가서 몰래 함께 잤다. 처용이 밖에서 집에 돌아와 잠자리에 두 사람이 있는 것을 보고, 이에 노래를 부르고 춤을 추며 물러났다. 노래는 이렇다.

동경
밝은 달에
밤들어 노니다가
집에 들어와 자리를 보니
다리가 넷이러라
둘은 내 것이고
둘은 뉘 것인고
본디는 내 것이다마는
앗은 것을 어찌할꼬

이때에 역신이 형체를 드러내어 처용 앞에 무릎을 꿇고 말하였다.

"제가 공의 아내를 탐내어 지금 그녀를 범했습니다. 공이 이를 보고도 노여움을 나타내지 않으니 감동하여 아름답게 여기는 바입니다. 맹세코 지금 이후로는 공의 형용을 그린 것만 보아도 그 문에 들어가지 않겠습니다."

이로 인해 나라 사람들이 처용의 형상을 문에 붙여서 사귀를 물리치고 경사를 맞아들이게 되었다. 또 포석정에 행차했을 때 남산신(註 2)이 임금의 앞에 나타나서 춤을 추었는데 좌우의 신하들은 보지 못하고 왕이 홀로 보았다. 어떤 사람신이 앞에 나타나 춤을 추니 왕 스스로가 춤을 추어 그 모양을 보였다. (중략)

『어법집』에서 이르기를, "그때 산신이 춤을 추고 노래를 부르며 지리다도파도파(註 3)라고 하였다"고 한 것은 당시 지혜로 나라를 다스리는 사람이 사태를 미리 알고 다 도망했으므로 도읍이 장차 파괴된다는 것을 말함이다. 곧 지신과 산신은 나라가 장차 멸망할 것을 알았으므로 춤을 추어 그것을 경계했던 것인데 나라 사람들은 이를 깨닫지 못하고 상서로운 것으로 생각하여 향락에 너무 심하게 빠졌기 때문에 나라가 마침내 망하였다.

(註 1) 처용설화의 주인공으로 처용 현재 지금까지도 처용탈과 처용무가 전해져 오고 있으며, 서역인으로 추정하고 있다.

(註 2) 남산신: 『삼국사기』에서는 네명의 기괴한 사람이라고 되어있다.

(註 3) 지리다도파도파: 국가의 멸망을 경계한 말로서, 지리는 히브리어 첼라(chella, צלח)를 표기한 것이고, 이것은 멸망, 파멸이라는 뜻이다. 다도파는 함달파와 동일하며, 다파, 도파는 히브리어 티파라흐(tipharh, תפארה)를 표기한 것으로, 이것은 영광, 영화를 말한다. 다도파에서 다 는 크다, 많다의 한자 음의 표기이고, 함달파에서 함은 역시 크다, 많다의 히브리식 표기이다. 이것은 히브리인의 조상 아브라함의 이름에도 나타나며, 바벨론왕 함무라비에서도 볼 수 있다. 또한, 이것은 한국의 크다, 많다는 뜻을 지닌 '한'을 말한다. 이 '한'은 한 길(큰 길), 한가위(큰 명절. 추석) 등에서 나타난다. 다파나에서 나타난 것처럼 큰 영광의 나라라는 뜻이다. 즉, 큰 영광, 영화로운 나라가 멸망한다는 말이다.

◆ ◆ ◆ ◆ ◆

9) 가락국기

(고려) 문종 때 대강연 간에 금관 주지사의 문인(**註 1**)이 지은 것으로 이제 그것을 줄여서 싣는다.

개벽 이후로 이곳에는 아직 나라의 이름이 없었고 또한 군신의 칭호도 없었다. 이때에 아도간·여도간·피도간·오도간·유수간·유천간·신천간·오천간·신귀간 등 아홉 간이라는 자가 있었는데 이는 추장으로 백성들을 통솔했으니 모두 100호(마을), 7만 5,000명이었다.

대부분은 산과 들에 스스로 모여서 우물을 파서 물을 마시고 밭을 갈아 곡식을 먹었다.

후한의 세조 광무제 건무 18년 임인 3월 계욕일에 살고 있는 북쪽 구지봉(註 2)(이것은 산봉우리를 일컫는 것으로 십붕이 엎드린 모양과도 같기 때문에 그렇게 말한 것이다)에서 이상한 소리가 부르는 것이 있었다.

백성 2, 3백 명이 여기에 모였는데 사람의 소리 같기는 하지만 그 모습을 숨기고 소리만 내서 말하였다.

"여기에 사람이 있느냐."

구간 등이 말하였다.

"우리들이 있습니다."

또 말하였다.

"내가 있는 곳이 어디인가?"

대답하여 말하였다.

"구지봉입니다."

또 말하였다.

"황천이 나에게 명하기를 이곳에 가서 나라를 새로 세우고 임금이 되라고 하여 이런 이유로 여기에 내려왔으니, 너희들은 모름지기 산봉우리 꼭대기의 흙을 파면서 노래를 부르기를 '거북아 거북아, 머리를 내밀어라. 만일 내밀지 않으면 구워먹으리'라고

하고, 뛰면서 춤을 추어라. 그러면 곧 대왕을 맞이하여 기뻐 뛰게 될 것이다."

구간들은 이 말을 따라 모두 기뻐하면서 노래하고 춤을 추었다. 얼마 지나지 않아 우러러 쳐다보니 다만 자줏빛(註 3) 줄이 하늘에서 드리워져서 땅에 닿았다. 그 줄의 끝을 찾아보니 붉은 보자기에 금으로 만든 상자가 싸여 있어서 열어보니 해처럼 둥근 황금 알 여섯 개가 있었다. 여러 사람들은 모두 놀라고 기뻐하여 함께 백번 절하고 얼마 있다가 다시 싸서 안고 아도간(註 4)의 집으로 돌아와 책상 위에 놓아두고 그 무리들은 각기 흩어졌다. 12시간이 지나 그 이튿날 아침에 무리들이 다시 서로 모여서 그 상자를 열어보니 여섯 알은 변하여 어린아이가 되어 있었는데 용모가 매우 훤칠하였다. 이에 이들을 평상 위에 앉히고 여러 사람들이 절하고 하례하면서 극진히 공경하였다. (중략)

그달 보름에 왕위에 올랐다. 세상에 처음 나타났다고 해서 이름을 수로라고 하였다(혹은 수릉이라고 한다).(註 5)

나라 이름을 대가락(註 6)이라 하고 또한 가야국(註 7)이라고도 하니 곧 여섯 가야 중의 하나이다. 나머지 다섯 사람도 각각 가서 다섯 가야의 임금이 되니 동쪽은 황산강, 서남쪽은 창해, 서북쪽은 지리산, 동북쪽은 가야산이며 남쪽은 나라의 끝(바다)이었다.

이때 갑자기 완하국 함달왕(註 8)의 부인이 임신을 하여 달이 차서 알을 낳았고, 그 알이 변화하여 사람이 되어 이름을 탈해(註 9)라고 하였다. 이 탈해가 바다를 따라 가락국에 왔다. 키가 3척이고 머리 둘레가 1척이었다. 기꺼이 대궐로 나가서 왕에게 말하였다.

"나는 왕의 자리를 빼앗고자 왔다."(註 10)

이에 왕이 대답하였다.

"하늘이 나에게 명해서 왕위에 오르게 한 것은 장차 나라를 안정시키고 백성들을 편안하게 하려 함이니, 감히 하늘의 명을 어기고 왕위를 남에게 줄 수도 없고, 또한 우리 나라와 백성을 너에게 맡길 수도 없다."

탈해가 물었다.

"그러면 술법으로 겨루어 보겠는가?"

그러자 왕이 좋다고 하였다. 잠깐 사이에 탈해가 변해서 매가 되니 왕은 변해서 독수리가 되었고, 또 탈해가 변해서 참새가 되니 (중략) "내(탈해)가 왕과 더불어 왕위를 다투어 이긴다는 것은 진실로 어렵습니다"하고 왕에게 절한 뒤, 하직하고 (중략) 왕은 마음속으로 탈해가 머물러 있으면서 난을 꾀할까 염려하여 급히 수군 500척을 보내서 쫓게 하니 탈해가 계림의 국경으로 달아나므로 수군은 모두 돌아왔다. 여기에 실린 기사는 신라의 것과는 많이 다르다.

건무 24년 무신 7월 27일에 구간 등이 조회할 때 아뢰었다.

"대왕이 강령하신 이래로 아직 좋은 배필을 얻지 못하셨으니 청컨대 신들의 집에 있는 처녀 딸 중에서 가장 예쁜 사람을 골라서 궁중에 들여보내어 배필이 되게 하겠습니다."

"짐이 여기에 내려온 것은 하늘의 명령이니 짐에게 짝을 지어 왕후를 삼게 하는 것도 역시 하늘의 명령일 것이니 경들은 염려하지 말라."

왕은 이렇게 말하고 드디어 유천간에게 명하여 빠른 말을 이끌고 준마를 가지고 망산도에 가서 서서 기다리게 하고, 신귀간에게 명하여 승점이란 곳으로 가게 하였다. 갑자기 바다의 서남쪽에서 붉은색의 돛을 단 배가 붉은 기를 매달고 북쪽을 향해 오고 있었다. 유천간 등은 먼저 망산도 위에서 횃불을 올리니 곧 사람들이 앞 다투어 육지로 내려 뛰어왔다. 신귀간은 이것을 보고 대궐로 달려와서 그것을 아뢰었다.

왕이 그 말을 듣고 무척 기뻐하였다. (중략) 왕후는 산 밖의 별포 나루에 배를 대고 땅으로 올라와 높은 언덕에서 쉬고, 입고 있는 비단바지를 벗어 폐백으로 삼아 산신령에게 바쳤다.

이에 왕이 왕후와 함께 침전에 있는데 왕후가 조용히 왕에게 말하였다.

"저는 아유타국(註 11)의 공주로 성은 허이고 이름은 황옥이며 나이는 16살입니다. 본국에 있을 때 금년 5월에 부왕과 모후께서 저에게 말씀하시기를, '우리가 어젯밤 꿈에 함께 상제를 뵈었는데, 상제께서는 가락국의 왕 수로라고 하는 사람을 하늘이 내려 보내서 왕위에 오르게 하였으니 곧 신령스럽고 성스러운 사람이다. 또 나라를 새로 다스림에 있어 아직 배필을 정하지 못했으니 경들은 공주를 보내서 그 배필을 삼게 하라 하고, 말을 마치자 하늘로 올라갔습니다. 꿈을 깬 뒤에도 상제의 말이 아직도 귓가에 그대로 남아 있으니, 너는 이 자리에서 곧 부모를 작별하고 그곳을 향해 떠나라'라고 하였습니다. 저는 배를 타고 멀리

증조를 찾고, 하늘로 가서 반도를 찾아 이제 아름다운 모습으로 용안을 가까이하게 되었습니다."

왕이 대답하였다.

"나는 나면서부터 자못 성스러워서 공주가 멀리에서 올 것을 미리 알고 있어서 신하들이 왕비를 구하라는 청을 하였으나 따르지 않았소. 이제 현숙한 공주가 스스로 왔으니 이 사람에게는 매우 다행한 일이오."

드디어 그와 혼인해서 함께 이틀밤을 지내고 또 하루 낮을 지냈다. 이에 그들이 타고 온 배를 돌려보내는 데 뱃사공이 모두 15명이니 이들에게 각각 쌀 10석과 베 30필씩을 주어 본국으로 돌아가게 하였다.

그 해에 왕후는 곰의 몽조를 꾸고 태자 거등공(居登公)을 낳았다. 영제 중평 6년 기사 3월 1일에 왕후가 죽으니 나이는 157세였다. 온 나라 사람들은 땅이 꺼진 듯이 슬퍼하고 구지봉 동북 언덕에 장사하였다. 드디어 왕후가 백성들을 자식처럼 사랑하던 은혜를 잊지 않고자 처음 와서 닻줄을 내린 도두촌(渡頭村)을 주포촌(主浦村)이라 하고, 비단바지를 벗은 높은 언덕을 능현이라 하고, 붉은 기가 들어온 바닷가를 기출변이라고 하였다.

(註 1) 문인: 『삼국유사』를 저술한 승려 일연도 이름을 몰랐던 것 같다. 다만, 문인이라고만 하였다. 이름을 알 수 없는 이 분의 덕분으로 가락국의 역사가 남겨져 전해온다.

(註 2) **구지봉**: 한자의 뜻으로 말미암아 거북이를 연상하지만, 이것은 히브리어 케셈(qesem, קסם)을 이두식으로 표기한 것으로 뜻은 제사를 지내다, 점을 치다, 예언하다이다. 그러므로 구지봉은 당시에 제사를 지내는 곳이었다는 말이다. 구지봉은 굿봉이라는 말이다. 즉, 현대어의 굿(제사행위)은 어원이 히브리어 케셈(qesem, קסם)으로 추정된다. 그러므로 전해오는 구지가 노래도 제사에 관한 노래이다. 거북아, 거북아 머리를 내밀라(구하구하 수기현야…)로 해석하는데 '구하'는 히브리어 코헨(cohen, כהן)을 한자음으로 표기한 것으로 이는 제사장이라는 말이다. 가야인들은 당시 제사장에게 지도자(왕)를 구하기를 요청하는 내용이며, 이것이 노래로 전해온 것이다.

(註 3) **자줏빛**: 신라의 건국기록과 초기기록에서도 그렇듯이 가야의 건국신화에도 자주색깔이 등장한다. 이것은 서방(서역)세계의 왕권과 관련이 있다. 그리스 로마세계에서는 자줏빛 색상은 황제(왕)와 귀족만이 사용할 수 있었고 자줏빛 물감의 생산지가 페니키아이다. 페니키아라는 지명도 자줏빛이라는 어원을 지닌다고 한다. 자줏빛 물감은 페니키아에서 나는 조개(고동)를 원료로 하여 생산하였다고 한다. 신라에서도 초기에 성골과 진골의 왕족과 귀족층의 관복의 색깔이 자주색이었다.

(註 4) **아도간**: 히브리어 아돈(adon, אדון)은 주, 주인, 주님이라는 말이다. 당시 가야의 지도적 인물이었음을 알 수 있다.

(註 5) 수릉: 히브리어 사르(sar, שַׂר)는 왕이라는 말이다. 이를 수로라 표기하고, 또는 수릉이라고도 하였다. 한자의 발음을 빌려 기록한 것이다.

(註 6) 대가락: 가락은 히브리어 키르(keer, קִיר), 키럇(keeryat, קִרְית)을 한자의 음을 빌려 기록한 것이다. 이것은 성, 성읍, 도시, 나라라는 말이다.

(註 7) 가야: 가야는 히브리어 고이(gowy, גּוֹי)를 한자의 음을 빌려 기록한 것이다. 이것은 백성, 민족, 국가를 말한다.

(註 8) 함달왕: 함달파왕을 축약한 것 같다. '함'은 우리말의 크다는 의미의 '한'이고, '달파'는 히브리어 티파라흐(tipharh, פְתָרָאה)를 한 자음으로 표기한 것으로 영광, 영화라는 뜻이다. 즉, '함달왕'은 큰 영광스러운 나라의 국왕이라는 말이다.

(註 9) 탈해: 신라초기의 왕이다. 히브리어 트힐라흐(tehillah, תְהִלָה)는 명성, 명예, 영광, 영화라는 뜻이다. 또는 토해라고도 하였는데, 히브리어 토헬레트(tohelleth, תוֹחֶלֶת)는 꿈, 희망, 소망, 기대라는 뜻이다. 역경을 헤치고 꿈과 희망을 잃지 않고 도전한 탈해의 일생이 녹아 있는 이름이다.

(註 10) 탈해와 수로왕의 싸우는 이야기는 이곳에만 기록되어 있다. 탈해가 신라의 왕이 되기 전의 일인 것 같다. 가야를 침공한 후에

수로왕에게 패하여 신라(계림)의 동쪽으로 퇴각했다는 내용에서 보면 당시 패전한 후 약화된 상태에서 동해의 강력한 무장집단인 아진의선 노파(여성 지도자)에게 의탁한 것이 아닌가 생각된다.

(註 11) 아유타국: 한국사에 있어서 난제 중의 난제로 생각된다. 수로왕비가 인도 출신이라고 기록되어 있는데, 실제 인도에서 왔을까 하는 의문과 당시에 그 먼 곳에서 어떻게 한반도의 남쪽 끝까지 올 수 있을까 하는 의문이 여전히 남아있다. 인도나 태국의 지명이라고도 하고 일각에서는 아유타가 히브리인의 나라인 유다의 히브리원어 발음인 예후다(Yehuda, יהדה)를 한자로 차음하여 표기한 것이라고도 한다. 수로왕비가 항해하는 도중에 배에 싣고 왔던 파사석(돌맹이)이 전해오는데 이것은 인도 지역에서 볼 수 있는 돌이라고 한다. 지금도 가야 지역의 김해에는 파사석탑이 보존되어 있다.

파사는 히브리어 파르스(pars, פרס)를 한자 음으로 기록한 것으로 영광, 영화 등이고, 중국 성경과 우리 성경은 고대에 바벨론을 멸망시키고 중근동 일대를 차지했던 페르시아를 한자로 파사(派沙)라고 기록하며, 결국 수로왕비의 출신 지역을 페르시아 지역으로까지 확대해 볼 수 있다.

10) 가락국의 사적

시조 이하 9대손의 역수는 아래에 자세히 기록하니 그 명은 이러하다. (중략)

◆ ◇ ◆ ◇ ◆

11) 거등왕^(註 1)(199년 03월13일[음])

아버지는 수로왕, 어머니는 허황후이다. 건안 4년 기묘 3월 13일에 즉위하였다. 치세는 39년으로 가평 5년 계유 9월 17일 (253년)에 죽었다. 왕비는 천부경 신보의 딸 모정으로 태자 마품(麻品)을 낳았다.

『개황력』에는 "성은 김씨이니 대개 시조가 금란(金卵)에서 난 까닭에 김을 성으로 삼았다"고 하였다.

(註 1) 거등왕: 히브리어 코데시, 카데시(kadesh, קדש)를 한자어의 음을 빌려 기록한 것이다. 거룩하다 고귀하다는 뜻이다.

12) 마품왕(253년[음])

마품(註 1)이라고도 하며, 김씨이다. 가평 5년 계유에 즉위하였다. 치세는 39년으로, 영평 원년 신해 1월 29일(291년)에 죽었다. 왕비는 종정감 조광의 손녀 호구로 태자 거질미(居叱彌)를 낳았다.

(註 1) 마품: 품의 고대음이 마루이었던 것 같다. 신라의 경우, 진흥왕 때의 장수인 이사부의 또 다른 이름인 태종에서 보듯이 부와 종이 같은 뜻이고 같은 발음이었을 것이다. 종의 뜻이 마루이다. 그러므로 마마루라 하면 히브리어 멜레크, 말라크처럼 마믈라크(mamelak, ממלך)인 것 같다. 태종(苔宗)에서 '태'는 현대어의 '이끼'인데 이것의 고대어 발음은 '이사' 또는 '이시'로 추정된다.

13) 거질미왕(註 1)(291년[음])

금물(今勿)(註 2)이라고도 하며 김씨이다. 영평원년에 즉위하였다. 치세는 56년으로 영화 2년 병오 7월 8일(346년)에 죽었다. 왕비는 아궁 아간의 손녀 아지로 왕자 이시품(伊尸品)을 낳았다.

(註 1) **거질미왕**: 질의 당시 발음은 '사'나 '세'인 것 같다. 니사금을 니질 금으로 기록하였기 때문이다. 그러므로 거질미는 캐셈을 한자음을 빌려 기록한 것이다. 히브리어 케셈(qesem, קסם)은 제사장 예언자 등이다.

(註 2) **금물**: 금물이란 왕의 호칭은 히브리어 카마르(kamar, כמר)를 음역하여 표기한 것으로 이는 제사장이라는 말이므로 거질미와 금물은 동일한 의미의 말이다.

◆ ◇ ◆ ◇ ◆

14) 이시품왕(註 1)(346년[음])

김씨이고 영화 2년에 즉위하였다. 치세는 62년으로 의희 3년 정미 4월 10일(407년)에 죽었다. 왕비는 사농경 극충(克忠)(註 2)의 딸 정신으로 왕자 좌지(坐知)(註 3)를 낳았다.

(註 1) **이시품왕**: 신라의 장군 이사부와 동일한 이름이다. 품과 부는 당시 같은 발음이었던 것 같다.

(註 2) **극충**: 히브리어 카친(kachin, קצין)을 한자로 표기한 것으로, 이것은 장군 우두머리, 왕이라는 뜻이다.

(註 3) 좌지: 히브리어 치츠(cheets, ציץ)를 한자로 표기한 것으로, 빛, 꽃 이라는 뜻이다.

◆ ◇ ◆ ◇ ◆

15) 좌지왕(407년[음])

김질(金叱)(註 1)이라고도 한다. (중략) 치세는 15년으로 영초 2년 신유 5월 12일(421년)에 죽었다. 왕비는 도령(道寧) 대아간의 딸 복수로, 아들 취희를 낳았다.

(註 1) 김질: 히브리어 케셈(qesem, קסם)을 한자로 표기한 것으로, 질의 당시 발음은 '사'나 '세'이다. 또는 히브리어 키세(kisseh, כסה)는 왕좌, 보좌의 뜻으로 신라의 초대왕 혁거세 거서간의 거세 또는 거서와 같다.

◆ ◇ ◆ ◇ ◆

16) 취희왕(註 1)(421년[음])

질가(叱嘉)라고도 한다. 김씨로 영초 2년에 즉위하였다. 치세는

31년으로 원가 28년 신묘 2월 3일(451년)에 죽었다. 왕비는 진 사각간의 딸 인덕으로 왕자 질지(銍知)를 낳았다.

(註 1) 취희왕: 히브리어 치츠(cheets, ץיצ)를 한자로 표기한 것으로, 빛, 꽃이라는 뜻이다.

◆ ◇ ◆ ◇ ◆

17) 질지왕^(註 1)(451년[음])

금질왕(金銍王)^(註 2)이라고도 한다. 원가 28년에 즉위하였고 이 듬해에 시조와 허황옥 왕후의 명복을 빌기 위하여 처음 시조와 혼인한 곳에 절을 지어 왕후사라 하고 밭 10결을 바쳐 비용으로 쓰게 하였다. 치세는 42년으로 영명 10년 임신 10월 4일(492년)에 죽었다. 왕비는 김상사간의 딸 방원으로 왕자 겸지(鉗知)를 낳았다.

(註 1) 질지왕: 히브리어 치츠(cheets, ץיצ)를 한자로 표기한 것으로, 빛, 꽃이라는 뜻이다.

(註 2) 금질왕: 히브리어 케셈(qesem, םסק)은 한자음으로 표기한 것으로

제사장 예언자라는 뜻이다. 또는 히브리어 키세(kisseh, כסה)는 왕좌, 보좌의 뜻으로 혁거세 거서간의 거세 또는 거서와 같다.

◆ ◆ ◆ ◆ ◆

> ### 18) 겸지왕(註 1)(492년[음])
>
> 금겸왕(金鉗王)(註 2)이라고도 한다. 영명 10년에 즉위하였다. 치세는 30년으로, 정광 2년 신축 4월 7일(521년)에 죽었다. 왕비는 출충(出忠)(註 3) 각간의 딸 숙(淑)으로 왕자 구형(仇衡)을 낳았다.

(註 1) **겸지왕**: 히브리어 케셈(qesem, קסם)을 한자음으로 표기한 것이다. 또는 히브리어 키세(kisseh, כסה)는 왕좌, 보좌의 뜻으로 혁거세 거서간의 거세 또는 거서와 같다.

(註 2) **금겸왕**: 겸의 당시 발음은 '사'나 '세'였던 것 같다. 히브리어 케셈을 한자로 표기한 것이다.

(註 3) **출충**: 히브리어 치츠(cheets, ציץ)를 한자로 표기한 것으로, 빛, 꽃이라는 뜻이다.
또는 신라의 왕호 자충, 차차웅과 같이 히브리어 카친(katseen, קצין)을 한자음으로 표기한 것이다.

19) 구형왕^(註 1)(521년[음])

김씨이다. 정광 2년에 즉위하였다. 치세는 42년으로 보정 2년 임오 9월(562년)에 신라 제24대 진흥왕이 군사를 일으켜 쳐들어오니 왕은 친히 군사를 지휘하였다. 그러나 적병의 수는 많고 이쪽은 적어서 대전할 수가 없었다. 이에 동기(同氣) 탈지이질금^(註 2)을 보내서 본국에 머물러 있게 하고, 왕자와 상손(上孫) 졸지공(卒支公)^(註 3) 등은 항복하여 신라에 들어갔다. 왕비는 분질수이질(分叱水爾叱)^(註 4)의 딸 계화(桂花)로, 세 아들을 낳았는데, 첫째는 세종(世宗) 각간, 둘째는 무도(茂刀) 각간, 셋째는 무득(茂得) 각간이다.

『개황록』에 보면, "양나라 무제 중대통 4년 임자(532년)에 신라에 항복하였다"고 하였다.

『삼국사』를 살펴보면, 구형왕은 양의 무제 중대통 4년 임자에 땅을 바쳐 신라에 항복하였다고 한다.

(註 1) **구형왕**: 히브리어 코헨(cohen, כהן)을 한자로 표기한 것으로 제사장이라는 뜻이다.

(註 2) **탈지이질금**: 탈지는 히브리어 도셴(doshen, דשן)을 한자음으로 표기한 것이다. 이것은 풍요, 부유를 뜻한다. 이질금은 이사금으로

발음되었던 것 같고, 이사금(니사금)은 신라초기 왕호이다. 제사장, 왕, 우두머리라는 뜻이다.

(註 3) 졸지공: 졸지는 히브리어 치츠(cheets, ציץ)를 한자음으로 표기한 것이다.

(註 4) 분질수이질: 분질수는 히브리어 파사(pasah, פשה)를 한자음으로 표기한 것으로 영광, 존귀라는 의미이다. 이질은 니질로 표기해야하고, 당시 발음은 니사로 유추할 수 있다. 히브리어 니시, 나시(nashiy, נשיא)는 왕, 군주, 지도자, 우두머리라는 뜻이다. 또는 히브리어 이사(iysah, יש")를 한자음으로 표기한 것으로 대장부, 지도자를 말한다.

종합해서 보면, 가야의 왕호들은 모두 제사장, 빛, 왕 등의 뜻을 가진다. 한자의 표기법이 음을 차음한 것과 훈을 기록한 것이 혼재되어 복잡하다. 자료의 부족으로 정확한 이름과 뜻을 해석하기가 어려우나, 당시의 사정을 유추하여 간단히 대응할 수 있는 히브리어 해석을 하였다. 그리고 왕의 재임 기간이 상당히 긴 것을 보면, 어딘가 누락된 왕들이 많은 것 같다.

일연의 기록은 고려 때에 문인이라는 분의 기록을 그대로 옮긴 것이므로, 가야의 패망 이후, 너무 오랜 기간이 지나는 동안 역사 기록이 많이 유실된 것 같다. 그 중 하나를 더 예를 들면, 수로왕과 왕비가 결혼할 때, 왕비의 나이가 16세라고 기록되어 있으며, 157세를 살다 죽었는데 수로왕은 그 후 10년(또는 25년)을 더 살다 죽었는데도 158세에 죽었다고 한다. 그러면 결혼할 당시 수로왕의 나이가 아주 연소하여지므로 의심스럽다.

부록
_한국어 VS 히브리어 유사성

히브리 알파벳(자음문자와 발음)[65]

순서	자 형		글자이름과 뜻	기호	영어발음	한글
1	א		'ālef 수소	'	묵음(黙音)	ø, ㅎ
2	*ב		bēt 집	b	boy의 b	ㅂ
	ב		vēt	v	very의 v	ㅂ, ㅸ
3	*ג	ג	gîmel 낙타	g	go의 g	ㄱ
4	*ד	ד	dālet 문	d	day의 d	ㄷ
5	ה		hē' 숨구멍	h	his의 h	ㅎ
6	ו		vāv 갈고리	v	very의 v	ㅸ
			wāw	w	way의 w	[w]
7	ז		zayin 무기	z	zeal의 z	ㅈ
8	ח		ḥēt 울타리	ḥ	Bach의 ch	ㅎㅎ
9	ט		ṭēt 뱀	ṭ	toy의 t	ㅌ
10	י		yûd/yôd 손	y	yes의 y	[y]
11	*כ	※ㄱ	kāf 손바닥	k	keep의 k	ㅋ
	כ		khāf	kh	Bach의 ch	ㅋ

---

[65] 정성덕,『성경에 나타난 우리말 이야기』(서울: 다락방서원, 2009), p. 19.

12	ל		lāmed 소몰이막대	l	let의 l	ㄹㄹ
13	מ	※ ם	mēm 물	m	met의 m	ㅁ
14	נ	※ ן	nûn 물고기	n	net의 n	ㄴ
15	ס		sāmek 지주	s	set의 s	ㅅ, ㅆ
16	ע		'ayin 눈	'	묵음(黙音)	ㅇ, ∅
17	*פ	※ ף	pē' 입	p	pet의 p	ㅍ
	פ	ף	fē'	f	fat의 f	ㅍ, ㅸ
18	צ	※ ץ	ṣādî 낚시바늘	ṣ	nets의 ts	ㅊ
19	ק		qôp 바늘귀	q	oblique의 q	ㅋ
20	ר		rēš 머리	r	run의 r	ㄹ
21	שׂ		śîn (이齒)	ś	set의 s	ㅅ
	שׁ		šîn 이(齒)	š	ship의 sh	ㅅ, ㅿ
22	*ת		tāv 기호	t	tall의 t	ㅌ
	ת		tāw	t	tall의 t	ㅌ

부록 _한국어 VS 히브리어 유사성

히브리어의 사전적 의미	한국어에 상응하는 해석
1	아다르 אדר [adar]: 영광 스러운	신라 제 8대왕 아달라니사금
2	아드렛 אדרת [aderet]: 영광, 찬란함	아들(남아 선호 사상이 나타나며 100년 전에는 아달이라고 함)
3	아하브 אהב [ahab]: 사랑하다	여보(=사랑하는 사람[부부]끼리의 호칭)
4	아하르 אחר [ahar]: ~이후로, 이후에, 다음에	~이후로, 이후에, 다음에
5	아타르 אטר [atar]: 둘러싸다, 두르다, 에워싸다	① 에두르다(ⓐ 둘러앉다 ⓑ 둘러서 말하다) ② 울타리
6	에마 אמיה [aema]: 무서움, 공포, 놀람	어마 어마, 어머머, 엄마야(놀랄 때의 감탄사)
7	악자리 אכזר [akhzari]: 악한, 독한	악질, 악바리
8	아칼 אכל [acal]: 먹다, 삼키다	아구아구 먹다, 아가리(입)
9	알 אל [al]: 하면 안 된다, 하지말라	안(부정어의 의미) ~안 된다(하지 말라)

10 · 알람 אלם [alam]: 묶다, 묶음, 동여매다 — 아름, 한 아름, 한(큰)+아름

11 · 엘론 אלון [ellon]: 큰나무(아름드리) — 아름드리나무

12 · 에빌, 에빌리 אויל [evil, evili]: 어리석은 바보 같은 바보 — 어바리(어리석은 자: 경상도방언)

13 · 가바브 גבב [gabab]: 가운데다 활처럼 불룩하게 하다, 만곡하게 하다 — 굽다(허리), 꼬부랑하다

14 · 가부, 가바 גבא [gabu, gaba]: 전체, 총체, 합치다, 종합하다 모아들다 — 가배(한가위의 고대 신라어)

15 · 나기드, 느기드 נגד [nagid, nugid]: 우두머리, 족장, 군주, 왕, 고상하고 위품 있는 것 — 느긋한(=넉넉하고 여유있는, 즉 족장이나 귀족들의 여유롭고 위품 있는 마음과 자세)

16 · 느가나트, 나기나트 נגנת [neginat, naginat]: 현악기, 현악 — 나긋나긋하다(=느낌이 부드럽고 상냥하다는 말, 나긋나긋한 목소리는 악기처럼 부드럽고 상냥하게 느껴진다)

17 · 아만, 아멘 אמן [aman, amen]: 믿다, 신임하다, 충실한, 진실 — '암, 아무렴, 그렇고 말고' (적극적 긍정어) 암만해도 틀림없다(확신)

18	아마르, 아무르 אמר [amar, amor]: 말, 말하다, 말씀	어물어물 (말하다) 우물우물 (말하다)로 사용된다.
19	아니야 [aniya]: 애도	(애도) 아이고, 아이고야, 아니야
20	아라, 오래 ארח [ara, orae]: 유람하다, 걷다, 길	아라(길), 올레(길)
21	우라오트 ארות [uraot]: 외양간, 마굿간	우리(간), 외양간, 마굿간
22	바드 בד [badu]: 수다쟁이, 말 많은 사람	바득 바득우기다, 바둑이(계속 짖어댄다?)
23	보대드 בדד [bodaed]: 외롭다, 홀로 있다	경상도 사투리→삐대다(=할 일없이 [혼자] 앉아있다) 예) 하루종일 집에서 삐대고 있었다
24	바다드 בדד [badad]: 혼자 홀로, 고독한	바둑이→혼자서도 외로이 집을 잘 지킨다는 뜻? (바닫→바둗→바둑)
25	바할, 바훌 בהל [bahal, bahul]: ① 두려워하다, 불안하다 ② 서두르다	① 벌벌떨다, 발발떨다 ② 발발거리다(바쁘게 행동하다) 바할→버헐→버얼→벌벌
26	버헤마 בהמה [buhema]: 짐승, 동물	버헴→버엄→범(호랑이), 예) 표범, 물범

27	버험 בהם [buhum]: 잠잠하다, 벙어리가 되다	벙벙은 말을 못한다는 의미 예) 벙어리 (말못하는 사람) →벙벙하다(놀라서 입을 다물다)
28	박크 בהק [bark]: 빛나라, 찬란하다	밝다
29	브-르 בהר [bu-ru]: 빛나다, 찬란하다	브르→보르→보름(날) (달이 가장 밝은 날)
30	부스 בוס [busu]: 밟, 밟다, 밟다	부시다, 부수다
31	보르 בור [boru]: 불구덩이, 웅덩이, 저수지	
32	바자즈, 바잦 בזז [bazaz, bazat]: 약탈하다, 노략하다, 탈취하다	빼앗다, 뺏다, 뺏아
33	바자크 בזק [bazak]: 번개	바작→반작 →반짝→번쩍→번개
34	하긴, 하군 הגין, הגון [hagin, hagun]: 어울리는 합당한(긍정)	하기는, 하긴, 하기야(이미 말이 있었던 사실을 긍정하기 위한 접속의 말) 예) 하기는 그의 말이 일리가 있어
35	바카 בכה [bakah]: 울다, 통곡하다	박박 울다

부록 _한국어 VS 히브리어 유사성   183

| 36 | 바루 בלה [balu]:
① 낡다, 닳다, 낡은, 낡아, 헤어 지다, 닳아, 없어지다, 바래다
② 쇠약하다 | ① 바래다: 본디의 빛깔이 옅어지거나 윤기가 없어지다, 쇠하다, 그 때문에 볼품이 없어지다.
예) 빛깔이 바랜 낡은 옷
② 비리비리하다(몹시 야위고 약한 모양) |

| 37 | 벌리 בלי [bulli]: 소멸, 파괴, 멸망 | 버리다(경상도 방언의 배리다)
예) ① 쓰레기를 버리다(소멸)
② 그 사람 (인간성) 버린 인간이다(파괴)
③ 나쁜 버릇을 버려라(소멸)
④ 건강을 버리다, 몸을 과로로 버리다(파괴)
⑤ 목숨, 생명을 버리다(멸망)
예) 그 사람은 일찍 세상을 버렸다(죽다) |

| 38 | 발라흐 בלה, בלההה [balah]: 놀람, 공포, 경악, 놀라게 하다, 두려워하다, 경악하다 | 바르르 놀라다, 떨다(얇고 가벼운 것이 발발 떠는 모양)
예) 나뭇잎이 바람결에 바르르 떨고 있다.
(경련을 일으키듯이) 입술을 바르르 (분노와 공포로) 온몸을 부르르 떨었다.
발라흐→바라하→바라르→바르르→부르르 |

39	벌로이 בלוי [bulloi]: 헌옷, 넝마, 누더기, 폐물(하찮은 것)	벌: 옷 세는 단위 예) 옷 한 벌, 양복 한 벌 벌로보다: ① 건성으로 (관심없이) 보다(남부 지방 방언) ② 하찮게 취급하다
40	블리 בלי [bulli]: ~않은 아닌, 아니한~하지 않고, 없다	별로(부정어를 뜻하는 말과 함께 쓰인다) 예) 별로 기분이 좋지 않다.
41	빌티 בלתי [bilti]: ~없이, ~않은, ~외에, ~밖에,~인 것 외에	별도로
42	블릴, 발릴 בליל [bulil, balil]: 보리(곡식)	보리
43	블루라, 발룰, 발랄 בלל [bullula, balul, ballal]: 뒤섞다, 휘저으며 부어넣다, 혼합하다, (혼성) 물로 연하게 하다	벼루(붓글씨를 쓸 때 사용하는 도구 물을 부어 먹을 가는데 사용하는 문방도구로써 15세기에는 '벼로'로 표기)
44	가브아 גבא, גבה [gabua]: 종합하다, 합치다	신라시대 고사에 추석을 가배라 기록하였으며 이것이 현재의 한가위로 됨

45	가바브 גבב [gababu]: 구부리다 굽다 휘다 만곡하다	굽다, 곱다, 구부리다
46	가반 גבן [gaban]: 굽은, 둥글게하다, 휘어진, 둥근	굽은
47	구드드 גודד [gududu]: 도적떼, 무리 침략하는 무리 또는 군대	그득 가득한(군대)
48	가다르 גדר [gadar]: 돌벽을 쌓다, 울타리를 치다	가두다, 가두리(양식장) (가축의 우리)
49	고이, 고야 גוי [goi, goya]: 민족, 국민, 백성	가야: 우리나라 고대시대에 한반도 남부(변에 세워 졌던 나라
50	골라 גלה [gollah]: 추방, 유배, 귀양	골로 보내다: 죽이다는 의미로 사용되나 귀양, 유배로 보낸다는 의미로 뜻이 변한 것으로 생각된다.
51	구마츠 גומץ [gumats]: 구멍, 구덩이	구멍
52	구르 גור [gur]: 어느 집에서 손님으로 신세지다, 머물다, 묶다, 살다, 거주하다	구르→굴러→굴러먹다(이리저리 떠돌아 다니며 갖은 일을 다 겪으며 천하게 살다.)

53	갈라 גלה [galah] : ① 드러내다 ② 노출시키다, 보이다, 나타내다 ③ 들춰내다	① 가르다: 해쳐서 열다 ② 갈라보다: 베다 쪼개다(생선의 배를 가르다) ③ 가르마: 머리털을 이마에서 정수리까지 갈라 빗을 때 생기는 금
54	굴랄, 글랄 גלל [galal, gulah]: 구르다, 굴리다, 굴러가다	구르다, 굴리다, 굴러가다
55	그말, 가말 גמל [gemal, gamal]: 끝내다, 마치다	그만, 그만하자, 그만두자(끝내자), 그만이다
56	그마르, 가마르 גמר [gemar, gamar]: 끝내다, 완성하다(이루다)	그만이다, 그만두다 ① 마지막이다 ② 중도에서 그치다(끝내다), 그만두다 ③ 마음에 넉넉하다(완성) ④ 가장 낫다(완성) 예) 음식 맛이 그만이다
57	가나브 גנב [ganab] 가나바 [ganaba]: (몰래) 훔치다 빼앗다	경상도 방언: 꼬불치다, 꼽치다(몰래 감추다 숨기다, 남몰래 제 것으로 가지다)
	가나부티 גנבת [ganabuti]	경상도 방언: 꼽치다(몰래 감추다 숨기다) 가나부티→ 가부티→ 곱티→ 꼬불치다→ 꼽치다.

58	가아르 גער [ga-r]: 나무라다, 꾸짖다, 책망하다, 방해하다	경상도 방언, 갈다, 갈구다(괴롭히다, 참견하다): 어떤 문제를 트집 잡아 시비하거나 보복 응징하다
59	브아 בעה [be-ah]: 부어오르다, 부풀어 오르다	붓다, 부어오르다, 부풀다
60	브아르 בער [be-ar]: ① 불 피우다, 불을 켜다, 불붙다, 불타오르다 ② 치우다, 없애다, 제거하다	① 불(타다 켜다 피우다) ② 비우다 예) 쓰레기통을 비우다(=없애다, 치우다)
61	바체크, 바차크 בצק [bachek, bachak]: ① 반죽(가루) ② '부쩍' 붓다(부어오르다)	① 반죽 ② 부쩍(붓다)
62	바체르 בצר [bacher]: 이행할 수 없다	경상도 방언: 배째라(=이행할 수 없다, 속수무책이다)
63	바카 בקע [baka]: 쪼개다, (성을) 정복하다	경상도 방언: 빠개다(=쪼개다, 쳐서 가르다)
64	바르 בר [bar]: 들판, 밭	신라어의 벌 예) 달구벌, 서라벌, 밭

65	바라 ברה [barah]:
	① (배) 부르게 많이 먹다
	② 도망하다 달아나다
		① 부르다, 부른, (배)부르다
		② 경상도 방언: 발발이
		  (도망하는 자)
		  바리바리(빨리 달아나는 것)

66	바라르 ברר [barar]: 분리하다, 구분하다, 가려내다	발라내다(가려내다, 분리하다) 예) 생선뼈를 발라내다
67	바루르 ברר [barur]: 끝을 뾰족하게 하다, 날카롭게 하다	① 벼리다(날카롭게 하다라는 뜻) ② 바늘: 뾰족한 침(바루르→ 바룰→ 바늘로 변함)
68	바사르 בשר [basar]: 살(고기)	살('바'탈락)
69	바샬 בשל [bashal]: 삶다, 익히다	삶다('바'탈락)
70	바트 בת [bat]: 딸	고대 한국어에 딸을 바달('바'탈락)이라고 함
71	바타르 בתר [batar, bater]: 단절하다 둘로 자르다	베다
72	가밥 גבב [gabab]: 굽어지게 하다, 만곡하게 하다, 굽게 하다	굽다, 굽어지다
73	기벤 גבן [giben]: 굽은, 볼록한, 곱사등의	굽은(볼록한 곱사등의) 기벤→기븐→구븐(굽은)

74	가브 גבא [gabe]: 종합하다(물 웅덩이에) 모으다 합치다	신라 때 고사에서 한가위를 가배라 하였다. '한 해의 가운데'라고 해석 하지만 '종합'하다는 의미가 있다. 가브→가배→가위(=한가위)
75	가라드 גרד [garad]: 몸을 긁다	긁다
76	가라스 גרס [garas]: 마멸하다, 마모하다, 문지르다	갈다, 마모
77	도르 דור [dor]: 둘러 쌓인 곳, 거처	두레(마을), 둘레
78	두르 דור [duru]: 원 둘레 주위, 맴돌다, 순환	두루두루(주위를 살피다), 둘레
79	두라 דורא [dura]: 마을, 성읍	두레(마을): 농촌에서 농번기에 서로 협력하여 공동작업을 하기 위해 만든 조직(서로 돌아가며 협력하는 것)
80	도르 דור [dor]: 세대, 일생	돌(무엇을 한때로부터 1년 되는 날 예) 한돌, 두돌
81	다바크 דבק [dabaq]: 달라붙다 붙다, 부착하다, 달라붙는, 부착하는	동일하다

82	다하르 דהר [dahar]: 달음질하다, 달려가다, 질주하다	다아르→다르→달려가다 달음질하다
83	두츠 דוץ [duts]: 뛰쳐 오르다, 뛰어 오르다, 뛰다	뛰쳐 오르다
84	다하크 דחק [dahaq]: 압박하다, 괴롭히다, 억누르다, 압제하다	닦달하다, 닦아세우다: 마구 몰아 닦아 세움, 윽박지름
85	따크 דק [daq]: 가련하다, 억압 받는, 압제받는	딱하다(연민)
86	따카 דכא [daqa]: 딱 깨뜨리다, 으스러뜨리다, 박살내다 두크 דוך [duk]	딱, 뚝, 따각 동일한 뜻으로의 어떤 물건이 부러지는 소리의 의성어로 딱총이란 장난감도 무엇을 깨뜨린다는 의미에서 왔을 듯하다
87	달 דל [dal]: ① 문 ② 힘없고 약한, 불쌍하고 가련한	① 달달, 덜덜(문소리), 드르럭, (바퀴달린) 문을 열거나 닫을 때 구르며 내는 그 소리를 달달거린다 혹은 덜덜 거린다고 할 때 이러한 것이 문이라는 뜻에서 비록 되었다고 추측 ② 달달거린다, (힘) 달린다

	③ 가치없다, 보잘 것 없다, 무의미한	다리(손)에 힘이 없어 달달거린다고 한다, 경상도 방언에 어떤 일이나 행동을 하기에 힘이 모자리거나 할 때 힘이 달린다(약하다)고한다. ③ 달랑(=여럿 가운데서 하나만 남아있는 모양) 예) 모두 떠나고 달랑 혼자 남았다 예) 그녀는 보따리 하나만 달랑 들고 길을 떠났다
88	달레그 דלג [daleg]: 달리다, 달겨들다, 달려들다, 뛰다, (껑충) 뛰어오르다	달겨들다, 달려들다
89	달라, 달루 דלה [dala, dalu]: ① (매)달려있다 ② 물을 길다(물)퍼 내다	① 달랑달랑, 대롱대롱의 어원 ② 두레박의 어원, 들이, 들통
90	들이 דלי [deli]: 물을 긷는 통, 두레박	~들이: 어떤 양 만큼을 담을 수 있는 그릇(통) 예) 한 말들이 물(기름 통), 1리터 들이(물병)
91	달쿠, 달라크 דלק [dalaq]: 뜨거워지다, 불타다, 불붙이다, 작열하게 하다(달구다)	달구다: 쇠나 돌 따위를 불에 대어 뜨겁게 하다

92 담마 דמה [damma]:
① ~와 닮다
② ~ 담다

① 닮다(~와 비슷하다)
② 무슨 일을 마음에 두고 생각 (기억)하다, (사람이 그릇이나 용기 안에 물건을) 넣어 두다
예) 마음에 담아두다,
  인간애를 담은 소설 작품,
  과일을 그릇에 담다

93 데라온 דראון [deraon]: 혐오 혐오대상 가증한 것

더러운(것)

94 다라브 דרב [darab]:
① 날카롭게 뾰족하게 하다
② 습관시키다, 길들이다

다루다
① 거칠고 단단한 것을 매만져서 쓰기 좋게 하다
  예) 칼날을 다루다
② 습관시키다, 길들이다
  (=물건을 부려서 이용하다)
  예) 악기를 다루다 기계를 다루다

95 다라그 דרג [darag]: 계단을 올라가다

다락: 주로 무엇위에 이층처럼 만들어서 계단을 올라가 물건이나 세간을 넣어두거나 사람이 쉬는 곳

96 다르 דר [dar]: 진주, 진주처럼 오색찬란한 돌(구슬, 보석)

구슬이 다르르, 도르르 굴러가는 소리나 모양을 '다르르' or '도르르, 또로로'라고 한다.

97	다트아 דתא [datea]: 따뜻한, 따스한	동일
98	다쉬안, 데쉐엔 דשן [dashan, dasheen]: 살찌다, 기름지다, 기름진. 윤택. 부유한	① 도솔가(백제 유리왕 때 풍요로움의 노래이다) ② 다습다, 따숩다: (부유하다 풍요롭다) 경상도 방언에 '다습게, 따숩게, 다숩게 살다'는 말은 온도 (기온이) 따스하게(따뜻하게) 살다는 말보다는 생활이 윤택하고 부유하여 여유있게 산다는 말이다.
99	헤벨 הבל [hebel]: 입김, 숨, 산들바람	남부 지역 방언: 허벌나게 달린다, 숨차게 달린다.
100	헤벨리 הבל [hebeli]: 허무, 헛된 것, 착각, 허망한 생각에 잠기다	경상도 방언에 헤벌레하다: 입을 어울리지 않게 넓게 벌리다는 뜻이다 이것은 무언가에 정신이 팔려 골몰하여 입을 다물지 못하는 모습을 볼 때 '헤벌레하다'라고 한다. 헛된 것(허망하거나)정신을 빼앗겨서 넋을 잃고 있는 모습이다.

101	하긴, 하군 הגין, הגון [hagin, haagun]: 어울리는 합당한 (긍정)	하긴은 말하자면(이미 말이 있던 사실을 긍정하기), 하긴은 하기는의 준말로 접속의 말이다.
102	호렐로트, 호렐루트 הוללות [holelot, holelut]: 어리석은, 바보짓	호로자식 후레자식 후레아들이라고 하면 배운 것 없이 막자라서 버릇 없는 사람을 경멸적으로 욕하며 이르는 말이다. 히브리어의 '어리석은, 바보 같은 자'라는 뜻이므로 동일한 의미이다.
103	헬렐레 הלל [helele]: 바보취급하다, 조롱하다, 비웃다, 어리석다, 미치다, 바보로 만들다	헬렐레하다 함은 술이 취하거나 약물 등으로 인하여 제정신이 아닌듯한 몸을 가누지 못한 상태를 말한다. 제정신이 아닌 바보이거나 미친 것 같은 행동을 할 때 이를 조롱하거나 비웃는 말이다. 히브리어와 한국어가 동일하다.
104	자바 זבח [zabah]: 제사에 바칠 짐승을 잡다. (죽이다), 제물을 바치다, 제사하다	우리말에 짐승을 죽일 때 '잡는다'라고 한다. 예) 닭잡아 먹고 오리발 내민다, 돼지 잡는 소리 (=돼지를 도살할 때의 시끄러운 소리)

105	지드 זיד [zid]: ① (음식을)찌다, 끓이다 ② 오만하다, 교만하다	① 찌다: 뜨거운 김으로 익히거나 데우다 예) 찬밥을 찌다(데우다) ② 재다: 오만하다 교만하다→ 으스대거나 뽐내며 잘난 채를 한다는 것을 재다, 잰다라고 한다 예) 너무 재지마라 (자랑하지마라)
106	조아 זוע [zoa]: 독촉하다, 조르다	조르다(끈덕지게 요구하다) (경상도 방언) 조으다 (재촉하다) 예) 너무 조으지 마라
107	조르 זור [zor]: 조르다, 눌러짜다, 누르다	조르다: 예) 목을 조르다(누르다)
108	자르 זר [zar]: (낯)설다	① 낯설다, 낯설어 지다, 서투르다, 낯익지 않아 서먹하고 어색하다 (자르→사르→살→설) ② (밥이) 설다 (서툴러 제대로 되지 않다)
109	자나 זנח [zana]: 악취가 나다	경상도 방언: 땀냄새(악취)를 '짠내'라고 한다.

110	조할 זהל [zohal]: ① 흐르다 ② 두려워하다, 겁먹다.	① (시냇물이) 졸졸 흐르다, 졸졸거리다(조할→졸졸, 줄줄) ② 경상도 방언에 '쫄다'라는 뜻은 겁먹다라는 뜻이다(조할→ 졸다→ 쫄다)
111	지즈 זיז [zizu]: 벌레, 구더기	경상도 방언에 '지지'라는 말은 젖먹이 어린아이에게 만지지 말야할(더러운) 것 일러주는 말
112	지즈 זיז [ziz]: 암짐승의 젖꼭지, 젖	동일한 의미로 사용되고 있다, 아기의 젖꼭지(=찌찌)
113	자아카 זעק [za-aka]: 소리지르다, 윽박지르다	작작 울다 예) 그만 작작 울어라
114	자켄 זקן [zaken]: 늙다, 나이들다	경상도 방언: 시근들다(=나이에 맞게 성숙한 행동, 생각을 보이다) 시근머리
115	잘랄, 졸렐루 זלל [zolel, zolalu]: ① 미끄러지다 ② 흔들리다, 지진 ③ 경멸적이다, 멸시할 만하다	① 주르르 미끄러지다 ② 찰랑찰랑, 출렁출렁, 쩌렁쩌렁 ③ 지랄하다(욕설), 지랄병(경련질환을 의미), 지지리도(못난 놈)

116	잘잘, 자르자르 זלזל [zalzal]: 포도넝쿨가지	① '줄줄'이라함은 (포도넝쿨가지처럼) 줄지어서 잇따른다는 뜻 예) 줄줄이 사탕이라는 말도 사용 ② 굴비를 줄줄이 엮다. ③ 주렁주렁 열매 따위가 많이 달려있는 모양 예) 사과나무에 사과가 주렁주렁 달려있다.
117	즈맘 זמם [zemam]: 계획, 의도, 기도, 음모	지맘대로 하다, 제멋대로(=자신의 계획[의도]대로 하다)
118	즈만 זמן [zeman]: ~한정된 때(기, 정해진 시간 → ~까지만)	
119	하바크, 히부크 חבק [hibuk]: 얼싸안다, 포옹하다, (손)포개다, 모으다	신라화백제도: 회의에서 의견을 (모아) 만장일치제도로 안건을 채택하는 것을 말한다.
120	후그, 하그 חוג [hug, hag]: 돌다, 원을 그리다	휙 돌다(돌아가다), 원을 그리다, 휙 회오리바람이 불다
121	훌 חול [hul]: 춤을 빙그레 돌다, 윤무를 추다, 돌다, 원모양으로 움직이다,	훨훨 춤을 추다
122	홀 חול [hol]: 흙, 모래	흙

123 후스, 하스, 하사 חוס, חס [hus, has, hasha]:
① 누구를 불쌍히 여기다, 가련하게 여기다
② 아끼다 소중히 하다

희소곡(신라 유리왕 때 불리웠던 노래)

124 후시 חוש [hush]:
① 서두르다, 재촉하다
② 달아나다, 도망가다

① 어서
② 후세: 쫓아낸다(귀신)

125 하조트 חזות [hazot]: 예언, 예언의 말

호젓하다: 예언(묵시)을 받을 때의 모습이나 분위기에서 연유한 것

126 하주트 חזות [hazut]: 품위있는 모습, 외관, 명망

의젓하다(말, 행동이 점잖고 품위가 있다)

127 하자크 חזק [hazak]: 힘찬, 힘센, 강한, 강건한
히자크 חזק [hizak]: 힘차게, 힘세게, 힘센

힘찬, 힘센

힘찬, 힘센, 힘세게

128 호테르 חטר [hoter]: 회초리(매)
후트라 חוטרא [hutra]: 흔들다

휘두르다, 회초리
휘두르다

| 129 | **하크릴** חכליל [haklil]: 흐린, 불투명한, 술취한, (흐려진) 사람의 눈 | 히끄리한 |

| 130 | **하크리리** חכלילי [haklili] | 경상도 방언: 히끄리한(눈) |

| 131 | **하이** חי [hai]: 살아있는, 생명 있는, 산, 싱싱한, 신선한 | 햇, 햇 것(그해 처음 난 것으로서 신선 예) 햇나물, 햇과일, 햅쌀 |

| 132 | **하롬** חלום [halom]: 꿈 | ① 하람: 조선시대에 꿈을 정확하게 하람이라 하였다 ② 헤롱헤롱: 꿈에 취한 듯 몽롱한 상태를 해롱해롱하다라고 한다. |

| 133 | **하론** חלון [halon]: 창, 창문, 빛이 들어오는 구멍 | 하론→호론→호롱→호롱불(밝게 빛을 비추는 도구) |

| 134 | **할릴르, 할르림**(복수형) חליל [halil, halelim]: 호루라기, 피리 | 호루라기 |

| 135 | **할룰** חלל [halul]: 느슨하다, 풀려있다 | 헐렁하다 |

| 136 | **하마드** חמד [hamad]: 감사하게 여기다, 마음에 들다, 바람직한 칭찬과 감사를 받다 | 흐뭇하다 |

137	할람 חלם [halam]: 강건해지다, 완전하다, 힘세지다	훌륭하다(순우리말로써 매우 좋아서 나무랄 곳이 없다는 뜻)
138	할라크 חלק [halak]: 미끄럽다, 반들반들하다, 마음이 거짓되다, 속이다, 기만, 유혹, 아첨, 아부, 술책, 궤휼, 음모	호락호락
139	할라크라쿠트 חלקלקות [halaklakut]	호락호락(적의 음모나 계략 속임수 따위에 쉽게 넘어가지 않는다)
140	하나 הנה [hana]: 구부리다, 휘다	휘다, 휜
141	하파즈 חפז [hapaz]: 깜짝 놀라다	움찔, 아찔
142	하스 חשה [has]: 침묵, 잠잠하다, 달래다, 진정시키다,	아서라!: 그렇게 하지 말라고 금지 할 때 하는 말
	후스 חשה [hus]	후스→우스→아서 예) 아서라, 다칠라, 아서라 꼬마야, 아서라 그러지 말아라
143	후세 חשה: 달아나다, 도망하다	어서, 후세~!

144 **하타 חתה** [hata]:
① (화덕에 붙은 불을) 가져오다 (아궁이에서) 불을 취하다
② 잡아채다, 빼앗기다

후다닥, 후딱 (가져오다 빼앗다)
(경상도 방언: 히딱)

145 **하트하트 חתחת** [hathat]:
놀람, 무서움, 두려움

후다닥, 화딱, 놀란

하트트 חתת [hatat]:
당황하다, 접어, 질리다, 놀라다

화다닥, 후다닥

146 **하르르 חרר** [harar]: 불타다, 불태우다

화르르 (불타는모양)

147 **하르하르 חרחר** [harhar]:
불붙이다, 점화하다, 뜨겁게하다

활활

148 **타하라, 타헤라 טהר** [thahara, thahera]: 깨끗하게 하다, 정화하다, 청결하게하다

① 털다: 어떤 물건을 흔들거나 치거나 하면서 깨끗하게 옷과 이불을 털다
② 타다: 솜, 이불을 깨끗이 하다 예) 솜, 이불을 타다

149 **토브 טוב** [thob]: 좋은, 좋다, 사랑스럽다, 기쁜

'좋다'의 고대 형태는 '둏다'이다

150 **툴 טול** [tul]: 던지다

툭던지다, 돌을 던지다,

151	털레털레, 탈탈 טלטל [thorethore, thalthal]: 흔들다, 가져가다, 움직이다, 추방하다	거닐다, 유랑하다(털레털레) 예) 팔을 털레털레 흔들며 간다
152	투흐 טחח [thuh]: 활쏘는 자, 화살, 사정거리, 발사	(전래 민속놀이) 투호: 화살 던지는 놀이
153	타암 טעם [taam]: ① 맛보다, 느끼다, 감각, 느낌 ② 지혜, 명철, 이해력	① 탐스런 ② '터무니'없는(=이치에 맞지 않아 이해할 수 없고 지혜롭지 못하다)
154	타안 טען [taan]: 태우다	태우다
155	테파, 토파, 타파 טפח [tepa, topa, tapa]: 돌보다, 양육	돌보다(도파→도보)
156	타플 טפל [taple]: 덧 바르다, 덧 붙이다, 발라 붙이다	덧 바르다, 덧붙이다, 발라 붙이다
157	타파프, 타포프 טפף [tapap, tapop]: 총총걸음으로 걷다	타박타박(지친걸음) 걷다, 저벅저벅 걷다.
158	타랖 טרף [tarap]: 빼앗다, 노략하다, 잡아치다, (맹수의) 먹이	경상도 방언 터덕손: 약탈하여 잡아채는 손짓(우리말사전: 털이 많이 난 손이 아니고 약탈물, 탈취물과 관련이 있다)

159	야아브 יאב [yaab]: 사모하다, 열망하다		여보: 부부간 사랑하는 사람 호칭 (야아브→야브→여보)
160	여오르 יאר [yeor]: 강, 하천		여울(강물의 빠른 곳)
161	야다 ידע [yada]: 알아보다, 알다, 자각하다, 인식하다, 깨닫다		안다, 알다
162	이다타 ידעת [yidata]: ~을 알게 하다, 보이다		이두: 신라시대 때부터 한자의 음과 훈을 빌려 우리말을 적던 방식 또는 그 문자 예) 이두 이서 이토 이투 등으로 표기
163	욤 יום [yom], 요맘 [yomam]: 날, 낮, 그때에, 언제에, 같은 날에, 그날에, 오늘처럼		요맘 때에, 이맘 때에(요맘 때에. 요만한 정도에 이른 때)
164	하요테레트 היתרת [hayotheret]: 남아 돌아가는 것, 불필요한 것		허드렛: 중요하지 않아서 함부로 쓸 수 있게 한 것
165	야함 יחם [yaham]: 열정(욕정)나게 하다, 욕정(색욕)을 가지다		야하다(= ① 천하게 아리땁다 ② 천박하고 요염하다)
166	케헤 כהה [keheh]: ① 눈이 약해지다, 흐려지다, 눈이 약한, 어두운 ② 낙심, 절망하다		(눈이) 퀭하다(= 눈이 쑥 들어가고 [흐려지고] 기운이 없어 보이다[낙심])

167	쿠흐 כוה [kuh]: 굽다, 그을리다, 불에 타다	동일하다
168	쿠바으 כוא [kubah]: 구워 굽다	동일하다
169	쿤 כון [kun]: 굳게 서다, 견고히 서다, 견고해지다	굳은, 굳게
170	코사라, 코설트 כשר [kosharah, koshort]: 행복, 행운, 형통	고수레: 들에서 음식을 먹거나 굿을 할 때 (귀신에게) 음식을 조금 떼어 던지는 일이나 외치는 소리 (행운과 형통을 기원하는 마음으로)
171	카자브 כזב [kazab]: 거짓, 기만, 속임	거짓, 거짓부렁, 가짜
172	케렙 כלב [kereb]: 개(犬)	동일하다
173	클라 כלה [kelah]: 끝나다, 완성되다, 완결되다	끝나다
174	클롯 כלות [kelot]: 끝나다	끝나다
175	클리 כלי [kli]: 그릇, 기구, 도구	그릇

176	카마르 כמר [kamar]: 그물, 그물치다	그물
177	카므리르, 카므리리 כמריר [kamrar, kamrari]: 꺼무례(흑암), 거무레하다(그므스름), 흑암, 어두움	(흑암, 어두움) 꺼무리, 꺼무레, 그무스름하다
178	크세, 키세 כסא [kese, kise]: 왕좌, 왕위	박혁거세(신라 초대왕)
179	카사, 키사 כסה [kisa]: 덮다, 덮어 씌우다, 이불 가리다	거적, 거적 떼기(새끼나 짚으로 두툼하게 쳐서 자리처럼 만든것)
180	쿠스트 כסות [kust]: 덮개, 씌우개(옷, 의복)	거적
181	가새 כסח [gase]: 자르다, 베다	경상도 지방에서는 가위(자르는 도구)를 가새 또는 가시개라 하였다. (가새→가시개→가위)
182	가판 כפן [gapan]: ① 배고픔, 굶주림. 굶다 ② 굽은, 구부리다	① (배)고픈 ② 굽은, 굽어진, 구부린
183	가파프 כפף [gapap]: 굽히다, 구부리다	동일하다

184	가페르 כפר [gaper]: 속죄하다, 화해하다	갚다
185	캅토르 כפתור [kaptor]: 꼭다리(꼬다리), 꼭대기, 꼭지	~꼭다리, 꼬다리, 꼭대기
186	쿠라르 כרר [kurar]: 구르다, 돌다	구르다, 춤추다 데구루루 구르다
187	가라트 כרת [karat]: 가르다, 자르다, 끊다, 끊어버리다	가르다, 자르다
188	클리투트 כריתות [kelitat]: 이혼, 갈라서다	갈라서다, 가르다
189	카트노트 כתנות [katnot]: 긴 옷, 제사장 옷	겉 옷, 긴 옷
190	카테프 כתף [katep]: 옆, 측면, 측벽	① 곁에 ② 겨드랑이
191	카타브 כתב [katab]: 긁다, 긋다, 꽂다, 새기다, 글쓰다, 기록하다	긋다, 긁다, 글쓰다, 기록하다

192	카타르 כתר [katar]: 에워싸다, 포위하다	① 가두리(양식장) 그물 등으로 구획을 지어 그 안에서 물고기 등을 양식하는 것 ② 고드렛돌: 돗자리나 발을 만들 때 날을 감아 매어 늘어뜨리는 조그만 돌 ③ 고드름: 낙숫물 따위가 얼어붙어 지붕이나 처마 끝에 길게 늘어 있는 것
193	키타르 כתר [kitar]: 기다리다	기다리다
194	코테레트 כתרת [koteret]: 기둥의 꼭지	경상도 방언: 꼬다리, 꽁다리, 끄트머리 / 고두리: 물건 끝이 뭉툭한 자리(곳)
195	카토트 תככ [katot]: 깨다, 깨뜨리다	동일하다
196	라함 להם [laham]: 음식을 먹다	냠냠
197	레헴 להם [lehem]: 빵,떡	냠냠(음식을 먹는 소리, 모양): 어린이가 맛있게 먹는 소리나 모양 냠냠하다(=맛있게 먹다)

198	마카르 מכר [makar]: 마음대로 처리하다, 내맡기다, 내주다, 친지, 아는 사람	막하다(함부로 하다, 쉽게 대하다) 예) 어린 놈이 나랑 막하고 있네, 어린 놈이 어른 손님에게 막하다
199	므오드 מאד [meod]: 매우 많다, 대단히 많다	매우(모오드→므오→매오→매우)
200	무으마흐 מאומה [meomah]: 그 무엇, 어떤 것	무엇 무엇, 뭐뭐
201	마아칼 מאכ [maakal]: 음식, 양식, 식량	먹을 것(식량 음식)
202	마아마르 מאמר [ma-amar]: 말, 명령	말
203	말렐 מלל [malel]: 말하다	동일하다
204	마싸 משא [masa]: 말씀, 잠언, 말하다	동일하다
205	마아스 מאס [maas]: ① 적의를 품다, 반감을 갖다, 싫어하다, ② 거절하다, 배척하다	① 미워하다(마아스→마아→미워) ② ~마소, ~마오 예) 가지마소, 가지마오, 하지마소

206	미브타 מבטח [mibtah]: 믿다, 신뢰, 신임	미쁘다(밉브다), 믿다
207	마겐 מגן [magen]: 방패(막이)	막이, 마개
208	므기나 מגנה [meginah]: 마개, 덮개, 씌우개	마개(덮개)
209	마뚜아 מדוע [matua]: 무엇 때문에? 왜?	뭐 때문에, 뭣 땜에
210	마따 מדע [madda]: 인식, 이해, 통찰, 지식	① (사실이)맞다(인식하다, 이해하다) ② 마땅하다(이치가 옳다) 예) 마땅한 대우, 마땅한 사람, 마땅한 방법
211	마흐마흐 מהמה [mahmah]: 머뭇머뭇, 주저하다, 망설이다	경상도 방언: 머어머어, 머뭇머뭇
212	마하탈롯트 מהתלות [mahtalot]: 기만, 속임	메롱('그럴줄 몰랐지,' '속았지' 하는 뜻으로 혀를 쏙 내밀며 하는 어린이말)
213	모다 מודע [moda]: 친지, 친척	모두(가족, 친척)

214	모에드, 모아도 מועד [moed, moado]: 모임, 만남, 회의, 집회	모두(모임) (회의)
215	무살 מוסר [musar]: 징계, 징벌, 비난, 책망, 질책	몹쓸(놈): 징벌을 받고 비난 받아 마땅할 놈
216	마하츠 מחץ [mahats]: 때리다, 때려 부수다, 치다	망치
217	마하마마, 마흐마오트 מחמאת, מחמאה [mahamama, mahmaot]: 젖처럼 단 것	맘마(젖먹이 먹을 것)
218	마테 מטה [mateh]: 막대기, 지팡이	막대기
219	마타 מטה [matah]: 밑에, 밑으로, 아래로	밑에, 밑으로
220	마타르 מטר [matar]: 비가 내리다, 비	장마, 늦마(마는 물과 비와 관련 있다)
221	메이타브 מיטב [meitab]: 매우 좋은	매우 좋은(= 많이 좋은), '좋은'의 고대어는 '됴은'

222 | 메아 מעה [meyah]: 내장, 창자, 마음속 | ① 메쓰껍다(매스껍다): 속이 울렁거리고 먹은 것이 되넘어 올라올 것 같다. 위장, 비위에 거슬려 몹시 아니 꼽다란 뜻이다.
② 메(매)(=속)

223 | 마알 מעל [maal]: 숨어서 행동하다(음모), 모르게 행동하다 | 몰래, 모르게(하다)

224 | 마타크, 마토크 מתוק [matok]: 단맛을 내는 것, 단 것, 맛좋은 것 | 맛탕, 마탕(설탕에 버무고 튀긴 과자, 음식), 맛 좋은 것

225 | 마알라 מעלה [mahalah]: 올라가는 (서는) 장소, 단, 계단 | 마루 또는 말루(집채 안에 바닥과 사이를 띄우고 단을 올려 널빤지를 깐 곳)
예) 마루에 걸터앉았다 마루를 깔다

226 | 마롬 מרום [marom]:
① 높은 곳 산, 높이, 위
② 하늘 | ① 마루: 지붕이나 산 등성이의 꼭대기
② 마루: 하늘의 옛말 (마롬→마로→마루)

227 | 미싯테 משתה [misite]: 마시기, 마심 | 미싯: 미숫가루의 옛말
미수: 미숫가루를 탄 음료
마시다

228	마아네 מַעֲנֶה [ma-aneh]: 의도, 의향, 계획	마음(먹다), 마음(계획, 의향), 정하다
229	마아세 מַעֲשֶׂה [ma-aseh]: 일, 행위, 행동, 실행, 작업, 제작, 하나님의 역사	마수걸이: 장사꾼들이 처음 거래(일, 작업)가 성사, 실행되어 짐을 뜻함
230	마차, 미추, 므추 מָצָא [macha, michu, mechu] ① 다다르다, 도달하다, ~미치다 ② 마주치다, 만나다, 맞이하다 ③ 발견하다, 찾아내다, 얻다, 획득하다 ④ 알아내다, 인식(이해)하다 ⑤ ~에 미치다, 닥치다(운명)	① ~에 미치다(도달) ② 마주치다, 맞이하다, 맞다 ③ 마침내 찾아내다, 마침내 얻다 (이루다) ④ 맞추다, 알아내다. 예) 정답을 맞추다. ⑤ (사건, 운명, 영향) 미치다(영향 받다)
231	마차 מַצָּה [macha]: ① 시비, 싸움 ② 마시다, 빨다	① 맞서다(싸움) 경상도 방언: 맞짱뜨다 ② 마시다
232	미츠아르 מִצְעָר [mitsear]: 미소한, 작은	미주알(고주알), 사소한 것
233	나 נָא [na]: 날것, 생것, 날것, 생것 예) 날 생선, 날 고기(生)	동일하다

234 **나다드 נדד** [nadad]:
① 이리저리 움직이다, 움직이다
② 나돌다: 바깥이나 주변에서 맴돌다
③ 나다니다: 바깥으로 나가 여기저기 다니다
예) 밤길에 나다니는 것은 위험 하다

① 나대다: 얌전히 있지 못하고 철없이 촐랑거리다
예) 쓸데없이 나대지 말고 (조용히) 있어라
② 헤매다, 방황하다, 방랑하다.
③ 나다니다, 나돌다(여기저기 방랑 하다)

235 **나바 נבא** [naba]: 말하다, 예언하다

나발대다, 나불거리다, 나부대다

236 **나하르 נהר** [nahar]:
① 흐르다, 강 →
② 빛나다, 기쁜 빛을 발하다

① 내(나리)-신라시대에 나리로 표기 → 내(여기서 나루터가 파생되며) → 강을 경계로 형성 (국경)되어 나라(국가)라는 말이 생긴듯하다
② 날, 낮(하루의 밝은 때)

237 **노르 נור** [nor]: 비추다, 빛

노을(놀), 날
예) 저녁놀(=저녁빛, 저녁의 지는 햇빛)

238 **누비다 נוד** [nubida]:
이리저리 움직이다, 흔들거리다, 몸을 흔들다

누비다(이리저리 움직이다), 방랑하다

239	나발 נבל [nabal]: 바보, 멍청이	경상도 방언: 나발 예) 나발(바보) 같은 소리 하지마라, 나발 같은 놈
240	나우나우, 누아누아 נוע [nau-nau, nua-nua]: 흔든다, 흔들리다	뉘엿뉘엿, 해가 지평선 또는 산이나 언덕 너머로 조금씩 차츰 넘어가는 모양
241	나옷 נעות [naot]: 흔들리다, 비틀거리다	뉘엿뉘엿 대다(거리다)
242	노하 נוח [noha]: ① 어디에 놓다, 넣다, 두다 ② 쉬다, 휴식하다	① 놓다, 넣다 ② 눕다, 놀다(쉬다)
243	나파흐, 나푸 נפח [napahu, napu]: 불다, 불어 넣다	나팔(부는 악기)
244	노프 נוף [nop]: ① 이리저리 움직이다 ② 높은 곳(언덕, 산), 돌출한 것 (=약대의 등)	① 누비다(이리저리 움직이다) ② 높은 (곳)
245	나질 נזל [nazil]: 흐르다, 흘러내리다(개천, 시내, 강), 무엇을 많이 부어내리다	넘실넘실(넘치다): 액체가 그릇에 가득차서 넘칠 듯하다
246	나하트 נחת [nahat]: 내려가다, 내려앉음, 낮춤	낮게 낮다, 낮추다, 내려가다

247 니타크 נתק [nitak]: 뜯어내다, 누덕누덕(찢어진 자리를 깁고
찢어내다, 잡아 뜯다 덧붙진 모양)

248 느후쉐트 נחשת [neuhushet]: (노흐셋→노ㅎ셋)→놋쇠
놋쇠, 청동

249 나쉐프 נשׁף [nashep]: 저녁 나죄: 저녁의 옛말, 저녁 석양을
황혼 '나죄해'라 하였음

250 나크리, 나카르 נכר, נכרי
[nakri, nakr]: 낯가리다, 낯선 낯가리다, 낯선 사람
(이방인)으로 대하다, 알지
못하다

251 나아르 נער [naar]: 어린시절, 나, 어린(나이 어린)
소년기

252 나임, 느임 נעים [naim, neim]: 님(사랑하는 이, 이름, 호칭) 뒤에
사랑스러운, 귀여운, 기분 좋은 붙여 놓여 부르거나 다정스럽게
일컬음 예) 선생님, 임금님,
님(사랑[사모]하는 사람)

253 시르 סיר [sir]: 솥, 가마솥 시루(쌀, 떡을 찌는 솥)

254 소케크 סכך [sokek]: 엮다, 새끼(줄): 짚을 엮어 꼬아서
짜다, 얽다 만든다

255 사켈 סכל [sakel]: 어리석은 짓을 하다(바보 같은) 싸가지, 썩을 (놈)

256 사카트 סכת [sakat]: 침묵하다, 입을 다물다 시큰둥하다: 맘에 내키지 않아 말이나 행동에 성의가 없음

257 사파드 ספד [sapad]: 슬피 울다, 애통하다, 애도하다 슬프다, 슬퍼하다

258 사파 ספה [sapa]: 쏟아 버리다, 부어버리다 경상도 방언: 소피보다(오줌을 누다), 오줌을 (체내 수분)을 쏟아 버리다

259 사푼 ספן [sapun]: 덮다, 압도하다, 정복하다
① 새피하다, 사뿐하다(하찮게 여기다, 하찮다)
② 사부작 사부작, 사부자기, 사뿐히, 사푼하다(=힘들이지 않고 살짝), 가볍게 이루다
※ '새피하다'에서 '새발의 피'로 요인하여 사용하는 듯 하나 사뿐하다, 사푼하다에서 어원을 찾을 수 있다.

260 사페 ספה [sapeh]: 빼앗다, 잡아채다 경상도 방언: 쌥치다, 쌔비다(훔치다)

261	사파크 ספק [sapak]: 찰싹하고 때리다, 치다, 손벽을 치다 (분노), 손뼉	사박스럽다(=표독하고 인정이 없다), 쌈박 질(싸움박질): 싸움질 하다, 쌈박구, 손벽을 치다, 사박 사박: 배, 사과 등을 씹을 때 나는 소리나 모양 또는 낙엽, 눈 등을 밟는데 나는 소리나 모양
262	세페르, 소페르, 시프라 ספר [seper, sopra, sipra]: 말하다, 이야기하다	말하다, 이야기하다 →씨부리다(말하는 것을 얕잡아서), 씨부렁거리다
263	사라브 סרב [sarab]: ~와 싸우다	경상도 방언: 씨루다(싸우다의 사투리), 씨름
264	사라흐 סרה [sarah]: 그침, 멈춤	서다, 세우다, 서래(멈추어라)
265	스라 סרה [srah]: 썩다, 부패하다, 망가지다	썩다, 삭다, 슬다(녹, 곰팡이)
266	소드 סוד [sod]: 친밀한 대화, 상의, 의논, 비밀이야기	속닥이다, 속닥속닥하다(남이 알아듣지 못하게 소곤소곤 거리는 것), 숙덕숙덕, 속달대다, 속달거리다
267	수르, 사르 סר, סור [sur, sar]: 비키다, 물러나다	설설 비키다(물러나다), (몸을) 사리다(물러나다)

268	아갑 עגב [agab]: 사랑하다, 마음에 들다 사모하다	① 아가(아기) 예) 할머니가 손녀 손자에게 사랑 스레 부르는말, 시부모가 며느리 에게 사랑스럽게 부르는 말 ② 아끼다(마음에 소중히 여기다) 예) 그는 내가 아끼는 사람이다.
269	아골, 아굴라 עגל [agol, agula]: 둥글게하다, 둥글다	오그라들다, 오그라지다
270	아드 עד [ad]: 영원, 영원한 미래	아득한, 아득하게 멀다
271	올람 עולם [olam alam]: 오래된, 옛날, 영원	(시간이)오래된, 오래오래
272	오그, 우그 עוג [ogo, ug]: 휘어지다, 구부러지다, 원을 그리다	오그라들다, 오그라지다(물건이 안쪽으로 오목하게 휘어져 들어가다)
	우그 [ug]: 욱다, 옥다	끝부분이 안으로 구브러져 있다(한 가운데로 모아들여서 싸다)
273	오드 עד, עוד [od]: 반복, 되풀이 하다, 계속하다 (변함없이), 다시 일으켜 세우다	동일하다

274	오데크 עוֹדֵד [odek]: 오뚜기, 오뚝하다, 오뚝 서다, 우뚝 서다 우뚝이, 우뚝 서다(동일)	동일하다
275	울라 עוֹלָא [ula]: 젖먹이, 갓난 아기	경상도 방언: 알라, 얼레(젖먹이 아기)
276	이르 עוּר, עִיר [yir]: ① 깨어있는, 지지않는, 눈뜨다 ② 바람이 일다, 일어나다 ③ 자극하다, 일으키다, 선동하다 ④ 높이 올리다, 일으키다	① 일어나(깨어) 있다 ② 바람이 일다, 일어나다 ③ 일으키다, 우러나다 ④ 우러르다
277	아즈 עַז [az]: 강한, 힘쎈	아주(대단히, 매우, 완전히)
278	아자브 עָזַב [azab]: ① 떠나다 ② 버리다 ③ 포기하다	어즈버, 아아 (현실에 이루지 못하는 지난 날에 대한 아쉬움과 포기함) 예) 어즈버 태평연월이 꿈이런가 하노라(고시조)
279	아주즈 עָזוּז [azuz]: 힘쎈, 강한	① 아주 쎈 (힘) ② 우지직: 크고 단단한 물건을 부러뜨리거나 찢어버리는 등 강한 힘의 위력을 나타내는 모양이나 소리 ③ 우쭐(자랑스럽게 힘이 들어간 모양)

280	아타르 עטר [atar]: 에워싸다, 둘러싸다	울타리, 에두르다, 에워싸다
281	야아트 יעט [yaat]: 큰소리로 나무라다	야단하다, 야단치다
282	아카르 עכר [akar]: ① 우울하게하다, 슬프게 하다 ② 격동하다	울컥하다(슬프고 격한 감정이 일어나다)
283	알 על [al]: 위, 위에 있는 것, 위로(향해)	위, 위에
284	알라 עלה [alah]: 올라가다, 오르다, (제사)올리다, 고귀하다, 숭고하다	올라가다, 오르다, (제사)올리다
285	아차브, 아치브 עצב [achab, achib]: 슬픈, 슬퍼하는, 마음상하는	아쉽다(아깝고 서운하다)
286	여차 יצץ, עצה [echa, yecha]: 조언, 제안, 권고, 상의, 협의, 계획, 도보	① 여쭈다: 말씀을 (어른께) 올리다 (상의, 협의) ② 여차여차하다(=상의, 계획)
287	아참 עצם [acham]: 눈을 감다, 눈을 가리다, 보지 못하다	아참, 아차차, 아차→ 어떤 사실(잘못된 사실)을 문득 깨달았을 때 하는 말, 예) 아차, 깜빡 잊었구나! (눈이 가려워서 [보지 못한 것처럼] 잘못 알았다가 깨달았을 때)

288	우칼 עקל [ucal]: 구부러진, 휘어진, 비틀린	우구러진, 일그러진
289	아라 ערה [ara]: 노출하다, 들춰내다, 벌거벗은, 나체의	알(몸), 알(거지)
290	아롬 ערם [arom]: 알몸의, 나체의	알몸의, 나체의
291	아롬 ערם [arom]: 쌓다, 쌓아 모으다, 무더기 더미	아름, 한아름
292	으쉬쉬 עשש [ashsh]: 어두워지다, 흐려지다, 어두움, 암흑	으스스, 으스름, 으슥한 ① 으스름: (빛이)침침하고 흐릿함 (어두움) ② 으스스: 차고 싫은, 기운이 도는 것, 소름끼치는 듯한 ③ 으슥한: 무서운 느낌이 드는, 구석지고 조용한(어두움)
293	아타 עתה [ata]: 바로지금, 이제 그래?, 아직, 아니, 그럼에도 불구하고	아따!(놀랍거나 못마땅할 때) 예) 아따, 왜 그러십니까?
294	페아 פאה [pea]: 쪼개다, 산산조각으로 부수다	패다 : ① (장작 따위를) 쪼개다 ② 사정없이 마구 때리다 예) 그는 도끼로 장작을 팼다, 깡패는 무고한 사람을 두들겨 팼다

295	푸츠 פוץ [puts]: 퍼지다, 뿔뿔히(분산), 흩어지다, 뿌려 흩다	퍼지다
296	파라트 פרד [parad]: 뿌리다, 흩다, 뿔뿔히 흩어지다	뿌리다, 뿔뿔히(도망치다)
297	푸르, 푸라르 פור, פרר [pur]: 부러뜨리다, 부스다 깨다, 깨뜨리다	부러뜨리다, 부수다: 부스러기, 부슬부슬 부스러지다
298	파하드 פחד [pahad]: 두려워하다, 무서워하다, 공포, 무서움, 두려움	부들부들, 바들바들: 떨다(무서움으로) (파하드→푸하드→부드→부들)
299	피크 פיק [pik]: 흔들림, 비틀거림. 동요	삐걱거리다, 삑삑(흔들리는 물건이 서로 부딪혀서 소리가 나다)
300	파흐타 פחת [pahta]: 구멍을 파다, 도려내다	(구멍):파다
301	폴그 פלג [polg]: 쪼개다, 나누다, 분리하다	경상도 방언: 뽈구다, 뽈가먹다, '바르다'[동사]의 경상도 사투리. ① 껍질을 벗기어 속에 들어 있는 알맹이를 집어내다. ② 뼈다귀에 붙은 살을 걷거나 가시 따위를 추려 내다. 같은 뜻에 '벨루다'도 사용한다.

302	폴레 פלה [pole]: 골라내다, 분리하다	발라내다, 바르다, 경상도 방언: 벨루다. 예) 생선가시를 발라내다.
303	팔라 פלח [pala]: 쪼개다, 나누다	벌리다 ① 틈 사이를 넓히다 예) 지갑을 벌리다(열다) ② 열어서 속을 도려내다 예) 조개껍질을 벌리다.
304	펠라 פלח [pela]: 벌어진 틈, 쪼개진 틈, 균열, 터진 자리 ① 버르집다 ② 숨은 것을 들추어내다	① 오므라진 것을 벌려 펴다 ② 버름하다: 틈이 좀 벌어져 있다, 버름버름 예) 여기저기가 버름버름 하다.
305	플리흐 פלח [pleeh]: 기묘한, 훌륭한, 신기, 특이한	부리부리 하다. 예) 눈이 부리부리하다(= 눈이 크고 당차다)
306	파차흐 פצח [pachah]: 부수다, 쳐부수다, 깨뜨리다	부수다, 쳐부수다, 바스러지다. 바삭바삭
307	파찰 פצל [pachal]: 쪼개다, 분열시키다	박살내다, 바스러뜨리다, 부수다, 바슬바슬
308	프라존 פרזון [prazon]: 넓게 펼쳐진 땅, 들판, 평원	펼친 땅, 펼쳐진 땅 (넓게)벌어진 들판

309	파라흐 פרח [parah]: 꽃 피다, 싹트다	(파릇파릇, 푸릇푸릇) 꽃이 피다, 싹이 트다
310	파라흐 פרח [parah]: 날다, 새	펄펄 날다
311	파로크 פרך [parok]: 부러뜨리다 부수다, 으깨다	① 부러뜨리다, 부수다, 으깨다 ② 버럭(탄광에서 나오는 쓸모없는 잡돌)
312	파라 פרע [para]: (내)버려두다(방임하다), 버리다(성품이나 성격이 거칠어지다)	동일하다
313	파라츠 פרץ [parats]: 부러지다, 부러뜨리다, 벌어지다(벌어진 틈이 나게 하다)	① 부러지다, 부러뜨리다, 벌어지다 ② 버름하다(= 벌어진 자리[틈], 균열)
314	파라르 פרר [parar]: ① 잔조각 나게 하다, 부수다, 깨뜨리다 ② 떨다 경련하다 흔들리다	① 부러뜨리다, 부름깨다(동짓날 견과류를 깨먹는 민속 풍습) ② 파르르(떨다)
315	파라스 פרש [paras]: 펴다 펼치다 벌리다 나누다 (분리)	부름켜(식물의 세포분열이 왕성하게 일어나는 형성층)
316	파르세즈 פרשׂ [parsez]: 펼치다 펴다	펼치다, 펴다

317	파트, 파툿 פת [pat, patet]: 작은 조각	빠듯(바듯)하다(=꼭 맞아서 빈틈이 없다) 예) 시간이 바듯하다: 살림살이가 바듯하다
318	피트옴, 피트아 פתאם [pitom, pita]: 갑자기, 순식간에, 순간	퍼뜩
319	파타흐 פתח [patah]: 파다, 새기다, 새겨 넣다	파다(도장을 파다, 나무에 홈을 파다)
320	파탈, 프탈 פתל [patal]: ① 비틀다, 꼬다 엮다 ② 간교하다 교활하다	① 비틀다 ② 비틀린(=간교한 사특한 교활한 성격)
321	파타르 פתר [patar]: 풀이하다, 해석하다, 풀다	풀다, 풀이하다(설명)
322	파사, 파샤트 פשח פשט [pasa, pashat]: ① 퍼지다, 뻗다, 펴다 ② 벗다, 벗기다	① 퍼지다, 뻗다 펴다 ② 벗다, 벗기다
323	파삭 פשק [pasak]: 쪼개다, 분리하다	바싹, 바삭바삭 (부수는, 부수어지는 소리, 모양) (물건이 가볍게 쉽게 부스러지거나 깨지는 소리나 모양)

324	파쉬 פש [pash]: 바보, 우둔함	벅수: ① 융통성이 없어 답답한 사람 ② 장승
325	파토트 פתת [patot]: 부러뜨리다, 깨뜨리다(잔잔한 조각이 되게) 부수다	빠드득(깨뜨리다, 부러뜨리는 소리)
326	추다 צדה [chuda]: 숨다, 매복하다	숨다
327	차다크, 차디크 צדק, צדיק [chadik]: 의로운, 공정한, 올바른, 정당한	착한
328	초르 צור [chor]: 조르다, 졸라매다 예) 허리띠를 조르다, 졸라매다	조르다, 졸라매다
329	츠하하 צחח [tshaha]: 빛나는 광채나는, 작렬하다, 불타다 (햇볕에) 뜨거워진 것	찌는, (날씨) 쨍쨍 (햇볕이 매우 따갑게 내리쬐는 모양)
330	치르 צר [chir]: 경련, 고통, 아픔	찌릿찌릿(경련), 쓰린, 쓰라린(아픔)
331	치르 ציר [chir]: 모양, 형상 (꾸미다)	(겉)치레, (옷)차려입다 (모양을 꾸미다) 예) 밥상을 차리다. 겉치레만 번지르르하게 하는 사람

332	칠리 צלח [chili]: 성취하다, 수행하다, 어떤 일을 끝까지 해내다, 성공하다	치르다(큰일이나 중요한 일을 겪거나 끝내다)
333	차르르, 차르차르 צלצל, צלל [charur]: ① 찰랑찰랑, 쩌렁쩌렁 (울리는 소리가 나다) ② (사르르)가라 앉다, 내려앉다, 맑아지다	① 찰랑찰랑, 쩌렁쩌렁 ② (사르르) 가라앉다
334	찰람 צלם [challam]: 자르다, 베다	예) 잘라 (말하자면 그렇다), 꼬리가 잘린 도마뱀
335	첼렘, 체렘 צלם [cherem, chelem]: 만든 형상, 모형, ~의 형상을 따라	~처럼
336	철라 צלע [cholla]: ① 몸을 굽히다, 허리를 구부리다 ② 다리를 절다	① 절하다 ② 절다
337	찰찰 צלצל [chalchal]: 작살	작살(고기 찔러 잡는 창)
338	칠즐리 צלצלי [chilcheli]: 금속, 타악기, 제금	경상도 방언: 짤짤이(탬버린), 동전(유흥)놀이

339	차미드 חמד [chamad]: 잡아내다, 묶다	① 짜매다(경상도 방언): 잡아 매다. ② 처매다: 칭칭 감아 매다. ③ 싸매다: 풀리지 않게 꼭 매다.
340	차미드 חמיד [chamid]: 묶음, 동여맴	짜매다, 짜맴(묶음, 동여맴)
341	차남 חנם [chanam]: 강한, 굳은, 딱딱한	차돌(단단한 돌), 참나무(재질이 단단한 나무)
342	차난 צנן [chanan]: 추워지다	차가운, 추워지다, 찬
343	차나오 צנוע [chna]: 젊잖은, 예절바른, 교양있는	참한
344	차아크 צעק [chaak]: 떠들다, 시끄럽게하다, 절규하다, 외치다, 울부짖다, 통곡하다	작작거리다, 작작대다, 큰소리를 작작지르다
345	차아르 צער [zaar]: 잘은, 작다, 경미한, 작아지다, 비천해지다	잘은, 작은, 조약(돌), 좁(쌀)
346	차르 צר [char]: 좁은, 비좁은	솔은, 좁은→오솔길(외솔길)

347	초르 צר [chor]: 차돌(예리하고 강한돌)	차돌
348	초페, 차푸 צפה [chope, chapu]: 살피다, 망보다, 감시하다	살피다 (차푸→자푸→사푸→살피다)
349	사라프 [sharap]: 불사르다, 불에 타다, 태우다	(불)사르다
350	차라르 צרר [charar]: 함께 묶다, 자루에 싸다, 짐을 싸다, 졸라 매인, 함께 묶인, 조르다(압박)	조르다, 졸라매다, 자루에 싸다
351	마츠로르 מצרר [machror]: 모조리 (함께묶인)	모조리
352	차라르 צרר [charar]: ① 예리하다 날카롭다 ② 압축, 밀집하다	① 숯돌(칼이나 낫 따위를 갈아서 날을 세우는데 쓰는 기구) ② 차렵(이불): 두껍게 압축하여 누빈 이불
353	케으, 케오 קא [ke-e]: 뱉어낸 것 토한 것	게우다: 먹은 것을 도로 입 밖으로 내놓다 예) 갓난아기가 젖을 게우다

354	쿠흐 קוה [kuh]: ① 굳건하다, 강하다 ② 바라다, 희망하다, 고대하다 ③ 기다리다, 고대하다	동일하다
355	카드콧 קדקד [kadkot]: 꼭대기(제일 높은 곳), 머리꼭대기	동일하다
356	코으 קוה [koh]: 모임, 모이다	(물)고이다(=괴다, 우묵한 곳에 물 따위가 모이다)
357	쿠트 קוט [kut]: 혐오를 느끼다, 실증을 느끼다	궂다, 굳은 일, ① 언짢고, 꺼림찍한 일 ② 장사, 장례 치르는 일(혐오를 느끼다, 실증을 느끼다)
358	카나 קנה [kana]: 가지다, 얻다, 취득하다	갖다, 가지다
359	케네츠 קנץ [kenech]: 끈, 띠	끈, 끄네기(경상도 방언)
360	카파츠 קפץ [kapats]: 껑충껑충 뛰다, 뛰다	① 껑충 껑충 뛰다 ② 깝치다(까불다의 의미)
361	카차 קצה [kacha]: 잘라내다, 끊어내다, 근절하다.	① 끝장내다, 끝내다, 끊다. ② 가장자리, 끝단, 끝, 그치다.

362	카추르 קצור [kachur]: 짧은, 짧아진	짧음(고주알) 예) 미주알, 고주알
363	헤칼 חקל [hekal]: 가볍다	헤꼽다: 가볍다의 부산사투리
364	카치르 קציר [kachir]: (나무) 가지	(나무) 가지
365	카르 קר [kar]: 시원한, 차가운, 추운	칼바람(=찬바람), 콸콸 시원한 물이 쏟아진다
366	카라 קרא [kara]: 부르다, 큰소리로 부르다, 선포하다, 낭독하다	가로되, 가라사대, 고래고래 소리치다
367	케렙 קרב [kereb]: 내장, 신체의 내부, 뱃속, 심장, 속마음, 중심, 중앙	갈비: (가슴)을 뜻한다
368	카리흐 קרח [karih]: 민둥머리, 대머리	대가리(동물의 머리)
369	키르 קרי [kir]: 만남, 상봉	끼리끼리(만남, 모임)
370	카르르 קרר [karuru]: 샘, 우물	(샘, 우물) 콸콸 솟아나다.
371	카쉬 קשח [kash]: 굳다, 견고하다	굳센

372	라촌 רצון [rachon]: 만족, 기쁨, 행복	라온(즐거운의 옛말), 나온
373	수가 שוגא [suga]: 자라다, 커지다, 성장하다	쑥쑥 자라다
374	슈라 שורה [shurah]: 포도밭의 두렁 또는 줄	사래(이랑)
375	사다드 שדד [sadad]: 밭 갈다, 고랑을 만들다	사래(고랑과 둑을 이른다) 예) 재너머 사래 긴 밭은 어제 갈려하느냐
376	수호 שוח [suho]: 산책하다	서성이다(=왔다갔다 하다), 쏘다니다
377	소크 שוך [sok]: 가시, 찌르는	송곳
378	소르 שרר [sor]: 다투다, 싸우다	싸우다, 씨름
379	소르 שור [sor]: 톱질하다	썰다, 설근설근 예) 설근설근 톱질하다
380	씨흐 סחי, שחה [sih]: 씻다 목욕하다, 수영하다	씻다, 수영하다
381	이스하크 ישחק [ishaku]: 웃음, 우스개, 익살 웃다	웃음, 우스개, 익살, 웃다, 웃음

382	심 שִׂים [sim]: 두다, 앉히다, 세우다, 놓다, 두다, 넣다	심다 예) 첩자를 심다, 꽃씨를 심다
383	사칼 שָׂכַל [sakal]: 고려하다, 숙고하다, 견식, 총명, 지혜, 이해, 명철	생각하다, 소갈머리
384	사쿠르 שָׂכַר [sakuru]: 삯을 주다, 임대, 고용	싸구려(삯꾼), 삯(품삯)
385	사아르 שָׂעַר [saar]: ① (몸)서리 치다, 소름, 전율 ② 쓸다, 휩쓸다, 휘몰아 치다	① 소름, (몸)서리 ② 쓸다
386	사파크 שָׂפַק [sapapk]: ① 치다, 때리다, 손뼉을 치다 ② 풍부하다, 풍요하다, 족하다	① 쌈박질, 싸다귀 치다, 손뼉 치다 (손바닥) ② 소복하다(제법 높게 쌓여 있다, 살이 찌다)
387	사라프 שָׂרַף [sarap]: 사르다, (불)태우다	사르다(불)
388	사타르 שָׂתַר [satar]: 파괴하다, 자르다, 쪼개다, 부수다	사달내다→(사전) 사달: 사고나 탈
389	샤알 שָׁאַל [shaal]: 간청하다, 요구하다, 묻다, 질문하다	사뢰다(말씀을 드리다)

| 390 | 샤아난 שׁאנן [shainan]: ① 안심시키다, 안식. 휴식 ② 걱정 없는, 평온한 | ① 쉬다, 쉬는 ② 쉬운 |

| 391 | 샤아르 שׁאר [shaar]: 남기다, 남겨두다, 나머지 남다 | 살리다, 살려두다 |

| 392 | 샤아르 שׁאר [shaar]: ① 살(몸) ② 골육지친(살붙이) (혈족) | 살(몸), 혈족, 혈육 |

| 393 | 샤바트 [shabat]: 쉬다 ~을 그치다 | 쉬다(그치다), 서다 |

| 394 | 샤바르 שׁבר [shabar] 깨뜨리다, 깨지다 | 사발(그릇): 잘 깨어지는 사기그릇 |

| 395 | 샫데 שׁדד [shadde]: 난폭하다, 폭행하다, 파괴하다 | 삿대질: 다투거나 대화할 때 상대편을 향해 팔을 뻗거나, 막대기 따위를 내지르는 짓(폭력적이다.) |

| 396 | 샤하 שׁחה [shaha]: 가라앉다, 내려가다, 떨어지다 | 쏙(① 몹시 들어간 모양 예. 쏙 들어간 자리 ② 깊이 밀어 넣다) |

| 397 | 쇼트, 쇼타 שׁוט [shot, shota]: 유랑다니다, 방랑하다, 두루 다니다 | 싸다니다, 싸대다, 쏘다니다 |

398	슐 שׁוּל [shul]: 긴 옷자락, 대제사장의 옷 가장자리	(옷) 술
399	슈르 שׁוּר [shur]: 방랑하다, 돌아다니다, 둘러보다, 살피다, 여행하다, 행렬지어 가다	강강술래: 줄지어서 둥글게 돌아가는 민속놀이
400	쇼르 שׁוֹר [shor]: 소	소(쇼르→소르→소)
401	쉬하 שׁחה [shiha]: 넙죽 엎드리다, 꿇어 엎드리다, 아래로 굽히다, 아래로 구부리다	(몸을) 숙이다
402	샤하트 שׁחת [shahat]: 상하다, 타락하다, 썩다, 삭다, 쉬다	상하다, 타락하다, 썩다, 삭다, 쉬다
403	셜라 שׁלה [shala]: ① 조용하다, 평온하다 ② 소망을 불러일으키다, 바램, 소원 ③ 태만하다, 게으르다	① (바람이) 살랑살랑 (불다) ② 설렘: 소망, 기대, 바램 ③ 설렁설렁 ⓐ 일을 할 때 설렁설렁 가볍게 일 처리하는 모양. ⓑ 넉살 좋게 슬그머니 행동하는 모양(북한)
404	슐한 שׁלחן [shulhan]: 상, 식탁, 왕의 식탁	수라상(왕의 식탁): 왕의 밥상을 높이 부르는 말

405	슬리 שׁלִי [shli]: 고요, 정적, 조용	살살, 슬슬, 설설, 설렁, 썰렁 (=텅빈듯 하다)
406	샬랄 שׁלָל [shalal]: 탈취하다, 노략질하다	싹쓸이, 쓸다, 서리(여럿이 남의 물건을 훔쳐다가 먹는 장난, 닭서리, 수박, 서리 등)
407	쇼테르 שׁטֵר [shoter]: 기록하다, 글쓰다	쓰다
408	쉬인 שִׁין [sheen]: (오줌)싸다 샤인 [shain]: 오줌싸다	쉬(오줌의 어린이말), 오줌을 싸다, 오줌을 누다 오줌싸다, 쉬이(어린이가 오줌 누다)
409	쉬르 שִׁיר [shir]: 노래하다, 시가를 읊다	(판)소리, 소리(꾼): 판소리나 잡가, 민요를 잘 부르는 사람 예) 소리하고 춤추다
410	쉬트, 샤트 שִׁית, שָׁת [shit, shat]: (왕관을) 쓰다, 씌우다, 세우다, 놓다	(왕관을) 쓰다, 씌우다, 세우다(서다), 놓다
411	쉬코르 שִׁכּוֹר [shikor]: 술에 취한	시끄러운, 시끌시끌한(술에 취한 사람들의 모습) 시시콜콜(술에 취한 사람들이 이야기를 하는 행태)
412	샬랍 שׁלַפ [shalap]: 끌어내다, 잡아 뽑다	서랍

413	샤마 שָׁמָה [shama]: 경악, 무서움, 공포, 무서운 것	서마서마하다(은근한 걱정, 염려 불안한 상태)
414	샤무아 שְׁמוּעָה [shama]: 소문, 소식	소문(이두식 필기)
415	쉬메리 שְׁמֵרִיָה [shemeri]: 경계하다, 조심하다, 관찰하다, ~에 주위를 기울이다, 감시하다	서먹서먹하다(낯설거나 친하지 않아 자꾸 어색하다)
416	샤나 שָׁנָה [shanah]: ① 반복하다, 거듭되다, 선포하다, 격려하며 거듭 이야기하다 ② 변하다, 바뀌다 ③ 해, 년	① 신라향가, 사뇌(가) ② 쇠다(설날) ③ 살(나이), 설(해가 바뀌어 새해를 맞이 하는 날)
417	샤난 שָׁנַן [shanan]: 날카롭게 하다, 날카로운, ~에게 명심하게 하다, 혀를 날카롭게 하다(말이 거칠다, 시 64:4)	① (날)세우다 (날)선, ② 사나운, 사나롭다(사나롭다는 사납다의 강원도 사투리)
418	샤아 שָׁעָה [sha-a]: ~을 보다 ~을 주시(관찰)하다, 서로 쳐다보다 (싸움)	쏘아보다
419	샤아르 שָׁעַר [shaar]: 계산하다, 값을 매기다	셈(하다), 세다 예) 셀 수 없을 만큼 많은 사람들이 해변 그곳에 모였다

420 샤아르 שַׁעַר [shaar]:
① 문 ② 소름끼치는, 흉칙한, 나쁜

① 사립문(=나뭇가지를 엮어서 만든 문)
② 소름(끼치는)

421 시프라 שִׁפְרָה [shepra]:
맑은, 청명한, 쾌활한, 광채가 나는, 번쩍 거리다, 아름답다

① 시퍼런
  ⓐ 매우 파랗다
  ⓑ 날카롭다
  ⓒ 시퍼런: 광채가 나는 번쩍 거리는
② 새파란: 매우 파란, 청명한. (아름답고 쾌활한 풍경.)

422 시케 שִׁקֵה [shike]: 마시게 하다, 마시우다, 마실 것, 음료

식혜

423 시쿠츠 שִׁקּוּץ [shikuts]: 혐오스럽고 더러운, 오물

시궁창

424 쉐케르, 샤케르 שֶׁקֶר [sheker, shaker]: ① 속이다, 사기, 거짓말
② 헛것, 허위의 것

① 속이다, 사기(거짓말)
② 신기루(환상,착시,백일몽 등 아무런 근거 토대가 없는 것)

425 샤라 שָׂרָה [shara]: (포도밭의) 둑, 혹은 이랑, 두렁(논, 밭은 두툼하게 두둑하게 한 것)

사래, (옛)이랑

426 샤랄 שָׂרַר [sharar]: 살찌다

살찌다

427	셔셔 שׁשׁא [sheshe]: 걸어가다, 돌아다니다	서성이다, 서성거리다(한곳에 있지 않고 주위를 왔다 갔다 하다)
428	베체르 בצר [becher]: 금	번질거리다, 뻔질거리다, 번지레, 번지럽다: 미끄럽게 윤기가 흐른다(빛나는 금의 특성)
429	토다 תותה [toda]: 곤봉, 몽둥이, 방망이	① 다듬이 (질): 옷감 따위를 부드럽게 하기 위해 방망이로 두드리는 일 ② 토닥토닥, 토닥이다, 톡톡, 툭툭: 가볍게 두드리는 소리, 모양 뚝딱뚝딱: 방망이 등으로 치는 소리
430	타하트 תחת [tahat]: ~때문에	~탓에
431	탈라 תלה [talla]: 달다, 매달리다, 걸다	달다, (매)달리다, (매)달다
432	타카 תקע [taka]: ① 때리다 ② 박아넣다, 박아 꽂다	① 탁(치다, 때리다) ② 도끼
433	타아르 תער [ta-ar]: 덮개	탈 예) 탈을 (쓰다), 하회탈
434	타할루임 תחלאם [tahaluim]: 병(病)	탈, 탈이나다

한국과 이스라엘, 역사의 비밀

Korea and Israel, the Secret of History

2017년 3월 20일 초판 발행
2024년 2월 20일 초판 3쇄 발행

지은이	염동옥
편 집	변길용, 정희연
디자인	박슬기, 신봉규
펴낸곳	사)기독교문서선교회
등 록	제16-25호(1980. 1. 18)
주 소	서울시 서초구 방배로 68
전 화	02) 586-8761~3(본사) 031) 942-8761(영업부)
팩 스	02) 523-0131(본사) 031) 942-8763(영업부)
홈페이지	www.clcbook.com
이메일	clckor@gmail.com
온라인	기업은행 073-000308-04-020, 국민은행 043-01-0379-646
	예금주: 사)기독교문서선교회

ISBN 978-89-341-1692-9 (03230)

* 낙장 · 파본은 교환해 드립니다.

이 도서의 국립중앙도서관 출판시 도서목록(CIP)은 서지정보유통지원시스템 홈페이지(http://seoji.nl.go.kr)와 국가자료공동목록시스템(http://www.nl.go.kr/kolisnet)에서 이용하실 수 있습니다. (CIP제어번호: 2017017488)